अविरल

अविरल

जन-व्यवस्था के आयामों पर आधारित कथा-सूत्र

डॉ. आनंद प्रकाश माहेश्वरी

प्रभात प्रकाशन, दिल्ली
ISO 9001:2008 प्रकाशक

प्रकाशक • **प्रभात प्रकाशन**
4/19 आसफ अली रोड,
नई दिल्ली–110002

संस्करण • प्रथम, 2017
मूल्य • दो सौ पचास रुपए
चित्रांकन • दुर्गादत्त पांडेय
मुद्रक • आर–टेक ऑफसेट प्रिंटर्स, दिल्ली

AVIRAL *by* Dr. Anand Prakash Maheshwari ₹ 250.00
Published by Prabhat Prakashan, 4/19 Asaf Ali Road, New Delhi-2
e-mail: prabhatbooks@gmail.com ISBN 978-93-5266-072-8

उन सभी महानुभावों को समर्पित
जो लोक-व्यवस्था के आधारभूत सिद्धांतों में
अटूट आस्था रखते हैं।

इस कथासूत्र के कथानक अथवा पात्रों से किसी भी तरह की समानता मात्र इत्तफ़ाकिया होगी। इस प्रस्तुति का कोई भी अंश शासकीय अथवा राजकीय न होकर पूर्ण रूपेण व्यक्तिगत साहित्यिक अभिव्यक्ति के दायरे में ही स्वीकार किया जाए।

अनुशंसा

किसी भी समाज के सार्थक निर्माण एवं प्रगतिशील विकास हेतु सुचारु जन-व्यवस्था अपरिहार्य है। अनेक संस्कृतियों के समावेश उपरांत उभरे हमारे लोकतंत्र में कानून-व्यवस्था के विभिन्न आयाम समय-समय पर मुखरित होते रहे हैं। जहाँ-जहाँ कानून व्यवस्था गड़बड़ाई है, वहाँ व्यक्तिगत क्षति के साथ-साथ सामाजिक समरसता, वैचारिक स्थिरता एवं आर्थिक परिपक्वता का भी ह्रास हुआ है। राजनैतिक, प्रशासनिक एवं नागरिक पहल के भी विभिन्न रूप अपनी विकृतियों के साथ हावी होते हुए भी देखे गए हैं।

एक रेलयात्रा के माध्यम से लेखक माहेश्वरी ने वास्तविक घटनाओं से कथासूत्र उठाते हुए विभिन्न पहलुओं को उजागर किया है। दिल्ली से वाराणसी की यात्रा उत्तर प्रदेश की पृष्ठभूमि में कानून-व्यवस्था के विभिन्न आयामों को भलीभाँति उभारती है। रोचक कथाशैली के माध्यम से घटनाओं के पीछे छुपे सत्य, जनाक्रोश के पहलू और आम आदमी की अपेक्षाओं को गहराई से उभारते हुए यह यात्रा हमें विभिन्न भावों में गोते लगवाती है। एक पुलिस अधिकारी के रूप में लेखक के अनुभवों का सीधा लाभ पाठकों को मिलता है।

पुलिस सुधार एवं जन-समर्पित पुलिस व्यवस्था किसी भी विकसित

समाज का अभिन्न अंग होती है। पूरा कथानक एक विकसित एवं सभ्य पुलिस प्रणाली की आवश्यकता की ओर अग्रसर होता है और पाठकों के लिए कई विचार छोड़ जाता है।

अवसरवादी राजनीतिज्ञों, प्रशासकों, पुलिस अधिकारियों, जनप्रतिनिधियों द्वारा व्यवस्था से कैसे खेला जाता है और पीड़ित व्यक्ति किन अवस्थाओं से गुजरते हैं, यह मार्मिक चित्रण हमें इस रचना में बख़ूबी देखने को मिलता है। यह लेखन-कार्य एक सकारात्मक पहल है। मैं डॉ. माहेश्वरी के इस लेखन-कार्य की अनुशंसा करता हूँ। सशक्त शैली में लिखी गई यह एक अच्छी साहित्यिक कृति है।

नई दिल्ली

(नामवर सिंह)

प्रारब्ध

बचपन में एक कथानक सुना था। एक राजा की इच्छा हुई कि वह जाकर गुप्त रूप से यह देखे कि उसके राज्य में प्रजा का क्या हाल है। सो उसने भेष बदला और चुपचाप राजमहल से निकल आया। चलते-चलते साँझ हो गई थी। वह एक गाँव के निकट पहुँचा और एक झोंपड़ी के बाहर खड़ा होकर अंदर की टोह लेने लगा। अंदर से बच्चों के रोने की आवाज़ें आ रही थीं। कौतूहलवश उसने दरवाजे पर दस्तक दी। एक बुढ़िया ने दरवाजा खोला। आगंतुक को विस्मय से देखा और बोली, "कौन हो भाई, कैसे आना हुआ?" आगंतुक बोला, "मैं गाँव से गुजर रहा था। बच्चों की रोने की आवाज़ ने सहसा मुझे आकर्षित किया। कोई परेशानी है क्या?"

"अरे बेटा! क्या बताऊँ। मेरे दो नाती हैं। इनके माँ-बाप तो पिछले अकाल में चल बसे। दोनों छोटे हैं। भूख से बेहाल हैं, इसलिए रो रहे हैं।"

"अरे, तो इन्हें कुछ खिला क्यों नहीं देतीं। उधर रसोई में क्या पक रहा है?"

"कुछ नहीं है घर में। भगोने में केवल पानी पक रहा है। इस उम्मीद में कि भोजन बन रहा है, कदाचित् बच्चे सो जाएँ।"

इतना कहकर बुढ़िया पुनः राज्य के राजा को और भी क्रोध में अपशब्द कहने लगी।

आगंतुक से नहीं रहा गया। बोला, "तुम नाहक़ राजा को कोस रही हो। उसे तो मालूम भी नहीं कि तुम्हारा क्या हाल है।"

"अगर वह अपने आप को राजा कहता है, तो उसे मालूम होना चाहिए।" बुढ़िया ने तटस्थता से दो टूक जवाब दिया।

आगंतुक के दिल में यह बात भीतर तक चली गई। राजा के रूप में उसे आत्मग्लानि होने लगी। उसने बुढ़िया से विदा ली और राजमहल लौट आया। राजमहल में उसने बुढ़िया के घर के लिए रसद, सामान, धन इत्यादि बाँधा और पोटली लेकर अपने सिर पर रखी। तभी अंगरक्षक ने कहा, "हुज़ूर, आप क्यों बोझ उठा रहे हैं, मैं ले चलता हूँ।"

राजा के अंदर आत्म-अनुभूति जागृत हो चुकी थी। बोला, "नहीं, यह मेरा बोझ है। मैं ही उठाऊँगा।"

कथानक के हिसाब से राजा पुनः भेष बदलकर, सामान सहित बुढ़िया के घर पहुँचता है और उसके घर खाना बनाता है। सभी खाना खाते हैं। बच्चे भी भोजन उपरांत संतृप्त होकर सो जाते हैं। तब बुढ़िया कहती है, "इस राज्य में यदि कोई राजा है तो तुम्हारे जैसा ही होगा।" और उसे बहुत दुआएँ देती है।

जन-अनुभूति, जनाक्रोश, आत्म-अनुभूति, जन-संतृप्ति एवं जन-स्मृति की भंगुरता का यह एक सशक्त लघु कथानक है।

जन-सेवा में रहकर जन-व्यवस्था के अनेक आयाम देखने को मिलते हैं। पुलिस सेवा और भी करीब से कई रूप दिखा देती है। बात कुछ नहीं होती। फिर भी बात से बतंगड़ बन जाता है। अलग-अलग पहलुओं से उन्हें परखा जाता है। विभिन्न घटक उन्हें अपने सामर्थ्य के हिसाब से अपने रंग में ढालने का प्रयास करते हैं। व्यवस्थागत आयाम भी राजनैतिक, प्रशासनिक, वैधानिक एवं साक्ष्यगत पहलुओं से गुजरते हैं। परिदृश्य प्रबंधन में कारगर विभिन्न प्रसारण स्रोत जनमानस तक उन्हें विभिन्न रूपों में पहुँचाते

हैं, जहाँ आक्रामक अथवा वेदनागत अंतर रेखा कहीं-कहीं धुँधली होती प्रतीत होती है। फिर शुरू होता है अनियंत्रित विडंबनाओं का सिलसिला। एक लहर से अनेक लहरें। फिर वह सैलाब कब थमेगा और किस स्वरूप में नए आयाम उभरकर सामने आएँगे, यह कह पाना कठिन हो जाता है। स्मृतियों में अनेक कुंठाएँ घर कर लेती हैं, जो कि कब विकराल हो उठेंगी, यह भी कहना मुश्किल है।

यह यात्रा अविरल है। विभिन्न जातियों, समूहों एवं संस्कृतियों में समरूपता, सामंजस्य एवं सद्भाव की दिशा में प्रयास अथवा मध्यम मार्ग एवं परस्पर संतुलन के विकल्प?

इस पुस्तक के माध्यम से कथानक के रूप में कई रुचिकर पहलुओं को उजागर किया गया है, जो कि जन व्यवस्था के विभिन्न आयामों पर प्रकाश डालते हैं और जनजागृति की दिशा में मुक्त रूप से सकारात्मक प्रभाव उत्पन्न करते हैं।

जीवन की रेलयात्रा के रूप में बुना गया कथानक आपकी सेवा में प्रस्तुत है।

—डॉ. आनंद प्रकाश माहेश्वरी

एन.डब्ल्यू.118, स्वामीबाग
आगरा-5 (उ.प्र.)

आभार

वर्तमान पुस्तक के लिखे जाने में अनेक महानुभावों का सहयोग रहा है। कई विचार एवं अनुभव जो कालांतर में मानस-पटल पर अपनी छाप छोड़ गए, उनकी भी अभिव्यक्ति इस लेखन कार्य में उद्‌भूत हुई है। कई प्रासंगिक पद्यांशों का भी अंकन कहीं-कहीं हुआ है। मैं उन सभी जाने-अनजाने प्रबुद्ध व्यक्तियों का आभार व्यक्त करता हूँ जिनकी छाप इस पुस्तक में प्रतिबिंबित हुई है।

मेरे उन सभी परिवारजन, साथीगण एवं सहकर्मियों का भी साधुवाद, जो इस कार्य को पूर्ण करने में मेरे साथ रहे हैं।

डॉ. नामवर सिंह जी का मैं विशेषत: आभारी हूँ, जिन्होंने इस पुस्तक की प्रस्तावना लिखी है। श्री दुर्गादत्त पांडेय ने समस्त चित्रांकन कार्य किया है, उनको भी मेरा बहुत-बहुत धन्यवाद।

सर्वोच्च स्तर पर मैं परमात्मा के प्रति संपूर्ण दीन भाव के साथ स्वयं को समर्पित करता हूँ, जो कि मेरे मूल प्रेरक एवं जीवन स्रोत हैं।

—डॉ. आनंद प्रकाश माहेश्वरी

एक

न जाने कब उनकी आवाज़ और सघन हो उठी और अब साफ सुनाई देने लगा, ''ये सिस्टम कब बदलेगा? प्रभावशाली लोग ही अपने मुद्दों को जनहित मुद्दे का जामा पहना देते हैं। फिर सिस्टम से खेलते हैं। जनाक्रोश उत्पन्न कराते हैं। पुलिस कार्यवाही में इनमें से कोई नहीं मरता। गरीब के परिजन ही मरते हैं। बलात्कार के शिकार भी वो ही होते हैं। नेतागिरी होती है। मुआवज़े पर भी सौदा होता है। विकास के नाम पर भूमि अधिग्रहण।''

थोड़ी देर सन्नाटा रहा। प्रोफेसर फिर बुदबुदाने लगे, ''मुआवज़ा मिल भी गया तो क्या। पैसे के पर लगे होते हैं। सब खर्च। फिर से फक्कड़। वैकल्पिक उत्थान की दिशा में कोई प्रयास नहीं।''

नई दिल्ली रेलवे स्टेशन के शोरगुल से होते हुए हजारों लोग प्रतिदिन अपने गंतव्य को जाते हैं। जिंदगी हमेशा तेज रफ़्तार से दौड़ती

नई दिल्ली
NEW DELHI
यनयान
ER CLASS

प्रतीत होती है। कहीं-कहीं लगता है कि इतनी सी जिंदगी में कितना बोझा है। कितनी चिंताएँ हैं। एक ट्रेन आई, दूसरी गई।

देश के विभिन्न कोनों से हर प्रकार के लोग एक-दूसरे से सहसा संपर्क में आते हैं। कुछ मामूली सी बात करते हैं, कुछ बिना एक-दूसरे को देखे आगे बढ़ जाते हैं। इसी भीड़ में कुछ लोग अपनी जीविका कमाते हैं। कुली से लेकर ठेले वाले तक। कचरा उठाने वाले से लेकर भिखारी तक। चोर से लेकर कपटी तक।

यदि कोई शोधकर्ता हो तो कई प्रकार की संस्कृतियों, धर्मों, भाषाओं एवं मानवीय प्रतिक्रियाओं के साथ-साथ मानवीय संरचना के विभिन्न आयामों का अध्ययन एक छोटे से इलाके में खड़ा होकर कर सकता है। कई तरह का ज्ञान भी रेलवे स्टेशन पर प्रतीक्षारत अथवा ट्रेन से यात्रा कर रहे महानुभावों से मिल सकता है। मानवीय मस्तिष्क की उड़ान, परिकल्पनाओं, परिदृश्यों एवं संवेदनाओं की अनूठी अभिव्यक्तियाँ यहाँ स्वतः सुलभ हो जाती हैं। मात्र संयम एवं जिज्ञासा की आवश्यकता है।

रेलवे की पद्धतियों में आधुनिकता का पुट आने के बाद कई व्यवस्थाएँ परिमार्जित हुई हैं। उसी के क्रम में यात्रियों की सोच भी बदली है। रिजर्वेशन में धाँधलियाँ विलुप्त प्रायः हैं। डिब्बों का स्तर, खानपान का स्तर, सफाई का स्तर, सभी शनैः-शनैः बदल रहा है। गति शिथिल हो सकती है, पर परिवर्तन की दिशा सकारात्मक है।

जनव्यवस्था की विभिन्न शैलियों का आभास रेलगाड़ी की यात्रा में भलीभाँति होता है, जहाँ एक प्रकार का जनसैलाब नित्य आवागमन करता है। हालाँकि मोबाइल फोन के चलते घर से लेकर दुनिया के कोने-कोने में उत्पन्न संकटों की त्वरित जानकारी की पृष्ठभूमि में परेशानियों से निजात नहीं मिल पाती है, तथापि शारीरिक रूप से एक जगह कुछ घंटे साथ रहने को विवश हैं। इसी विवशता के मध्य कुछ सुनहरे पल

निकल आते हैं। जो कुछ जीवन की आपाधापी में रोज नहीं कह पाते, यहाँ खुलकर बयाँ होते हैं।

जिस इलाके की परिस्थितियाँ इस कथा सूत्र की विषयवस्तु में समाहित हैं, उसको समझने के लिए नई दिल्ली से वाराणसी के मध्य चलने वाली काशी विश्वनाथ (के.वी.) एक्सप्रेस गाड़ी का सफ़र यद्यपि पर्याप्त न भी हो, पर माकूल अवश्य होगा।

जन-व्यवस्था, जनाक्रोश, राजनीति, पुलिसिया कार्यवाही, प्रशासनिक टोटके, मीडिया रिपोर्टिंग आदि से जनित मुद्दों पर प्राय: सभी अपना-अपना मत रखते हैं और बेबाक रूप से मुखरित हो उठते हैं। एक गंतव्य से कोई चढ़ा, दूसरे पर उतरा। लघु अवधि का साथ। न काहू से दोस्ती, न काहू से बैर।

नई दिल्ली रेलवे स्टेशन के प्लेट फार्म नं. 12 से काशीविश्वनाथ गाड़ी के चलने का ऐलान हो चुका था। यह गाड़ी नई दिल्ली से गाजियाबाद, मुरादाबाद, बरेली, शाहजहाँपुर, लखनऊ, रायबरेली, प्रतापगढ़, भदोई होते हुए वाराणसी जाएगी।

दिन के साढ़े ग्यारह बजने को हैं। प्लेटफार्म पर चहलकदमी बढ़ गई है। हर डिब्बे के बाहर काला कोट पहने टी.टी.ई. लोगों से घिरा है। गरदन हिला-हिलाकर मना कर रहा है। फिर भी धुन के पक्के यात्री उनका पीछा कर रहे हैं, उसकी मंशा टटोल रहे हैं। कोई पानी लेकर चढ़ रहा है। कोई सामान धकेल रहा है। अप्रैल का महीना है, फिर भी पारा काफी चढ़ गया है। जो वातानुकूलित यान में यात्रा कर रहे हैं, वो ए.सी. के और प्रभावी होने की प्रतीक्षा में हैं। शेष गरमी से जूझने का प्रयास कर रहे हैं। तरह-तरह के संवाद सुनाई दे रहे हैं—

'का हो, तनिक खिसको तो हमऊ चढ़ जई'

'टिकिटवा लिये हो कि नाहीं!'

12
वातानुकूल कुर्सी यान
A.C. CHAR CAR

दूसरी ओर से—

'ये गाड़ी कितने बजे खुलता है जी?

आप छोड़ने आए हैं कि ख़ुद भी जाइएगा।'

फिर तीसरी ओर से मोबाइल पर—

'येस, आई शैल रीच बाइ सेवेन ए.एम.। सेंड द व्हीकल'

इसी बीच प्लेट फार्म नं. 11 पर एक लोकल शटल आकर रुकी।

कई लोग धड़धड़ करके उतरे और पुल की ओर लपके, जहाँ से रास्ता बाहर को जाता है। देखते-देखते शटल खाली हो गई। भीड़ का एक रेला सा आया और विलुप्त हो गया।

काशीविश्वनाथ एक्सप्रेस प्लेटफार्म पर अब बत्ती हरी हो चुकी थी। गाड़ी जाने को थी। 2-3 लोग, जो हर डिब्बे के बाहर यों ही खड़े थे, तत्काल चढ़ने लगे। औरों की भाँति पहले भी अंदर जाकर बैठे रह सकते थे। पर आदतन उतर आए। शायद तमाशबीन बनने में सुख मिलता है।

वातानुकूलित कोच द्वितीय यान ए-1 डिब्बे में आज विनोद की ड्यूटी थी। वह को़च अटेंडेंट है। विनोद अधेड़ उम्र का एक मस्त प्राणी है। लगभग 15 साल की नौकरी हो चुकी है। यू.पी. का ही रहनेवाला है। इलाके की संस्कृति के हिसाब से काफी मँज चुका है। जोड़-तोड़, ऊँच-नीच, जुगाड़ आदि को बहुत समझता है। चाटुकारिता में भी पीछे नहीं। बातों से खुश रखने की उसकी यह कला वर्तमान ड्यूटी में भी उसके बहुत काम आती है। तरह-तरह के लोगों से रोजमर्रा में निपटना हो तो जुबान का लचीला होना भी ज़रूरी है। जिंदगी के कई सत्य, अर्धसत्य तथा भ्रामक जीवन-पहलुओं पर न जाने कितने लोगों की जिंदगियों में झाँक चुका है। समय व्यतीत करते-करते यात्रीगण भी फुर्सत में वे सबकुछ कह जाते हैं, जो शायद अन्यथा न बताएँ। बात करने की सभी

की कितनी ख़्वाहिश होती है। विदेशों में तो बात करने के लिए आदमी किराए पर लेते हैं। और यहाँ तो विनोद के लिए यह एक फ्री-फंड का सेवा लाभ है।

"नमस्कार! विनोद भाई!" रेवती ने विनोद को सलाम करते हुए कहा और आगे बढ़ गया।

"आज क्या खिलाओगे?" विनोद ने रेवती की चुटकी ली। रेवती हँसता हुआ आगे बढ़ गया। उसकी ड्यूटी पेंट्री कार में है। उसको बँटे हुए डिब्बों में जाकर पहले वह ऑर्डर लेता है और फिर भोजन पहुँचाता है। कई वर्षों से है। रेल नीर और रेल आहार में उसने कई परिवर्तन देखे हैं। विनोद और रेवती अच्छे दोस्त भी हैं। न जाने कितने यात्रियों की सेवा की और क्या-क्या बातें नहीं सुनी अथवा नहीं जानीं। लोगों के पास फ़ुर्सत होती है। वक़्त भी काटना पड़ता है। तरह-तरह की चर्चा और मज़ाक चलता रहता है। कभी-कभी लड़ाई के क्षण भी सहसा उत्पन्न हो जाते हैं। सभी उतार-चढ़ावों को दोनों ने नज़दीक से देखा। कभी कोई राजनैतिक वी.आई.पी. यात्रा करता है तो क्या होता है। कभी-कभी मनचले मानस भी वीभत्स स्थिति उत्पन्न कर देते हैं। कभी-कभी अपनी वर्दी के नशे में चूर रक्षकों को भक्षक बनते भी देखा। कभी-कभी राहगीरों को नुकसान पहुँचाते असामाजिक या आपराधिक तत्त्वों को भी सहा।

रेवती उम्र में विनोद से थोड़ा ही छोटा था। लेकिन बहुत फुर्तीला। राजस्थान के अजमेर जिले से था। अजमेर में स्कूलों का स्तर बहुत अच्छा है, पर रेवती नहीं पढ़ पाया था। पिता की असामयिक मृत्यु हो गई थी। घर का बोझ भी ढोना था सो हाई स्कूल करके रेलवे में आवेदन कर दिया। वैसे कोशिश करता तो और पढ़ लेता। कहते हैं, गजनी ने सत्रह बार आक्रमण किया, तब पृथ्वीराज चौहान को हरा पाया। धुन का पक्का था सो अंत में फतह कर ही लिया। रेवती चाहता तो पक्के इरादे

का प्रेरणा सूत्र उसे वहीं पर बिन खोजे मिल जाता। पर परिस्थितियाँ भी कभी-कभी जीवन का रुख़ मोड़ देती हैं। पर रेवती खुश है। उसे कोई भी क्षोभ नहीं। और चाहिए भी क्या? प्रसन्न चित्त रहना भी एक कला है। एक मायने में देखा जाए तो वही एक कला है, जो अंततोगत्वा हर कोई ढूँढ़ता है।

ट्रेन चली ही थी। सभी यात्री अब अपनी-अपनी सीट को और सुविधाजनक बना रहे थे। जो लोग अपने परिजनों को छोड़ने आए थे, वे भी कभी के उतर चुके थे। जो गलत जगह बैठे या जिनके पास सीट नहीं थी और जबरन घुस आए, उन सबको टी.टी.ई. महोदय सुलटा रहे थे।

इसी बीच एक युवक आया और विनोद से बोला—

"भइया! ए.सी. बढ़ाओ, बड़ी गरमी है।"

"थोड़ी देर में ठीक हो जाएगा, गाड़ी अभी चली है।" विनोद ने कहा।

"हर बार यही होता है," यह कहकर मुँह बनाता हुआ वह युवक पीछे मुड़ा और बाकी सहयात्रियों से बोला, "कुछ सुधार नहीं हुआ, पूरी बात भी नहीं बोलने देते।"

सहयात्री ने उसकी बात अनसुनी कर दी। युवक जाकर अपनी सीट पर बैठ गया। फिर उठा, उसने पंखा ऑन कर दिया। थोड़ी आवाज़ करता हुआ पंखा हवा फेंकने लगा। युवक ने फिर अपनी शर्ट का ऊपर का एक बटन खोला और कॉलर को थोड़ा गरदन से अलग किया। फिर शर्ट की बाँह कोहनी के ऊपर चढ़ाने लगा। एक बुज़ुर्ग, जो सामने सीट पर बैठे अख़बार देख रहे थे, युवक की बेचैनी भाँपने लगे। चश्में के ऊपर से उसे देखा। फिर लंबी साँस ली और चेहरा अख़बार से ढाँप लिया। कदाचित् उन्हें अपने दिन याद आए अथवा पंखे के शोर और तीव्र हवा से अख़बार पढ़ने में उत्पन्न विघ्न से वे विचलित हो उठे।

गाड़ी ने धीरे-धीरे स्पीड पकड़ी। विनोद ने डिब्बे का राउंड लिया। यात्रियों से दुआ-सलाम हुई। सभी सीटें भर चुकी थीं। रेवती भी आकर सभी से ऑर्डर ले रहा था।

"साहब, वेज या नॉन वेज?" रेवती की आवाज़ आ रही थी।

"कब तक खाना दोगे?"

"साहब, गाजियाबाद क्रॉस होते-होते।"

"लगभग एक घंटा!"

"जी साब!"

कुछ लोग अपना खाना घर से लेकर आए थे। फिर भी रेवती चूकता नहीं था।

"साहब एक थाली ही ऑर्डर कर दें। देखें, अब स्टैंडर्ड काफी बढ़ गया है।"

कोई मुस्करा देता तो कोई सुनकर टाल देता।

बुज़ुर्ग बोले, "भाई, मैं जरूर ऑर्डर करता, पर मुझे आजकल बाहर का खाना रास नहीं आता," और सहानुभूति बटोरने के लिहाज़ से बाकी यात्रियों को देखने लगे। एक-दो ने गरदन हिलाई मानो कि उनका समर्थन कर रहे हों।

गाजियाबाद के पूर्व से ही बड़ी-बड़ी इमारतें दिख रही थीं। एक नवयुवक धुँधले शीशे से भी झाँक-झाँककर देख रहा था। फिर उससे रहा नहीं गया। बोला, "इतने फ्लेट्स बन रहे हैं, पर सब बेकार। मार्केट डाउन है। कुछ बिल्डर्स भी बेईमानी कर रहे हैं।"

इतना कहना था कि उनके सहयात्री भी अपनी जुबान को रोक नहीं पाए। बोले, "यह बिजनेस इतना आसान नहीं है। सबको लगता है कि बिल्डर बदमाश है। पर उनकी दुविधा कौन सुने?"

"क्या आप भी इसी व्यवसाय में हैं?" नवयुवक ने बोलते हुए

अपनी शर्ट का बटन बंद किया। शायद अब उसे ठंड लग रही थी। ए.सी. ने ज़ोर पकड़ लिया था।

"जी," सहयात्री ने दो टूक कहा।

दो मिनट चुप्पी छाई रही। फिर सहयात्री स्वत: ही बोला, "बिल्डर बनना इतना आसान नहीं। अब तो ज़मीनें भी नहीं मिलतीं। और कानून इतने सो अलग। 'हाईटेक' वाले तो पिट ही गए। लाले पड़े हैं।"

"अरे क्या बात करते हो, बड़ी चाँदी है उनकी। पूरे हाईवे का ठेका। हाईवे के दोनों ओर पाँच सौ मीटर का कॉरीडोर। टोल रोड है। और भी अंतरराष्ट्रीय स्तर के प्रोजेक्ट हैं।" नवयुवक ने कहा।

"अजी छोड़िए, अब मुँह न खुलवाइए। बड़े-बड़े लोगों का खेल है।" सहयात्री बोला।

नवयुवक मुस्कराया। बोला, "जी मुझे रमेश कहते हैं। वाराणसी में कारपेट का बिजनेस है।"

"आपसे मिलकर ख़ुशी हुई। मैं राजीव हूँ। गाजियाबाद में ही रहता हूँ। गाजियाबाद-नोएडा में मेरे बिल्डिंग प्रोजेक्ट हैं। लखनऊ जा रहा हूँ।"

"आपकी प्रतिक्रिया मैं समझ सकता हूँ।" रमेश ने चुटकी के अंदाज़ में कहा। दो सेकंड शांत रहकर फिर बोला, "काफी कुछ हम लोगों के सुनने में भी आया। और फिर कत्लेआम तो सभी ने देखा।"

"विडंबना है। कई अधिकारी तो रईस हो गए। पहले नीति बनाई, गुपचुप-गुपचुप। फिर वहीं अपने व रिश्तेदारों के नाम ज़मीनें खरीद लीं। तब जाकर योजना खोली कि कहाँ हाईवे बनेगा। और तब बढ़ने लगे दाम। और चाल देखो—पुरानी डी.एम. रेट पर सरकारी ज़मीन बेची। फिर डी.एम. रेट बढ़ाई। पुरानी व नई डी.एम. रेट का मार्जिन और मार्केट रेट में हुए इज़ाफे का पचास प्रतिशत हिस्सा तो पहले ही

हाईटेक वालों से नंबर दो में नुमाइंदों ने ले लिया। करोड़ों के वारे-न्यारे हुए।'' राजीव बोला।

''क्या ये सच हैं ?'' रमेश ने कौतूहलवश पूछा।

''और क्या। लंबी-चौड़ी ज़मीनों की डील हुई। बड़े-बड़े प्रोजेक्टों का सपना। हाईटेक योजनाएँ। पर अमली जामा पहनाते-पहनाते जान निकल गई।'' राजीव ने साँस छोड़ते हुए कहा।

''मतलब ये कि सरकारी ज़मीनें तो मिल गईं। बीच-बीच में जो प्राइवेट ज़मीन थी, उसके अधिग्रहण ने सरकार व कंपनी के नाकों चने चबवा दिए। पाँच-छह जगह आंदोलन हुए। मुआवज़े की राशि बढ़वाने में नेतागिरी हुई। कहीं ज्यादा, कहीं कम मुआवज़े के प्रकरण उछले।''

''हाँ, हम लोगों ने भी पढ़ा था। कई जगह तो फायरिंग हुई। कुछ मौतें भी हुईं।''

''हाँ, हाँ। पुलिस व प्रशासन तो कंपनी की चौकीदारी करने लगे। कंपनी वाले तो सीधे हुकुम चलाते देखे गए।''

''सुना है नेताओं के भी वारे-न्यारे हुए। उन्हें भी खरीदा गया। आंदोलन को आगे हवा न देने की रकम।''

''जिनके घर मौत हुई, वे तो गरीब किसान थे। मुफ्त में सत्ता और पैसे के खेल में काम आ गए। मिला क्या ? छोटी सी धनराशि। गरीब की लाश की कीमत ही कितनी होती है।''

''हाँ, पर धमाल भी बहुत हुआ। सुना, गाँव वालों ने सरकारी कर्मचारियों को भी बंधक बनाया।''

''ख़ैर, जो हुआ। पर उससे ज़मीन अधिग्रहण कानून में परिवर्तन का मुद्दा तो उठा।''

''ये भी ठीक। बुराई से भी अच्छाई तो निकलती है। पर उससे मामला कहीं-कहीं और मुश्किल हो गया।''

"हाँ, सो तो है। जहाँ एक ओर विकास व उद्योगों के लिए ज़मीन ले लेना आवश्यक है, वहीं ज़मीन धारकों के हित भी ज़रूरी हैं। प्रभावी वर्ग और प्रशासन मिलकर आनन-फानन में ज़मीनें ज़बरदस्ती न ले लें या किसी वर्ग विशेष को अनुचित लाभ न पहुँचाएँ, इसके लिए चेक व बैलेंस भी ज़रूरी है। मेरे ख़्याल से नए विधान पर हर पहलू से बहुत चर्चा हुई है।"

"हूँ, पर क्रियान्वयन कैसे होता है, वह भी ज़रूरी है। कानून तो बहुत बन जाते हैं।"

अभी तक बुज़ुर्ग शांत बैठे थे। इतनी वार्त्ता सुनने के बाद शायद उनसे चुप नहीं रहा गया। कदाचित् उनके पास बहुत जानकारी थी। दिनभर बैठे-बैठे सारे अख़बार व मैगजीन्स पढ़ जाना उनकी आदत में शुमार सा लगा। पिछले आधे-पौन घंटे से अख़बार देख रहे थे। कानों से बीच-बीच में शायद वार्त्तालाप भी सुन रहे थे। परिदृश्य पर आधारित चर्चा। कुछ सत्य, कुछ असत्य। कौन जाने सत्य क्या रहा होगा।

उनके पास तो मथुरा व अलीगढ़ की घटनाओं का मूल ब्योरा था। उनका भतीजा ही रेंज डी.आई.जी. था। अनाप-शनाप रूप से सशस्त्र बल ड्यूटी पर लगाए गए। मंशा थी लोगों को डराने धमकाने की। और प्रशासनिक अधिकारी भी लगाए गए, लोगों को सहमत कराने के लिए। दो तरफा वार था। फिर भी लोग नहीं माने। बलों के पिटने की नौबत आ गई। पर फायरिंग के आदेश दे कौन? केंद्रीय सशस्त्र बल के एक फौजी की तो रायफल तक छिन गई थी। मजिस्ट्रेट से नाराज फौज ने अफरा-तफरी मचा दी। बंदूक की नोक पर बंदूक चलाने का आदेश साइन करवाया। लखनऊ व दिल्ली तक बात पहुँची। बात दबवाई गई। दोनों ओर से गलती जो की गई थी। बाद में आंदोलनकारियों से हाथ-पाँव जोड़कर बंदूक भी स्थानीय पुलिस ले

आई। इसके पीछे बहुत दूर कोई कठपुतलियों के धागों को नियंत्रित करता हुआ अपना खेल खेल रहा था। बुज़ुर्ग को मालूम तो सबकुछ था, पर कहे किससे ? अपनी स्मृतियों से निकलकर गला खँखारते हुए उन्होंने ध्यान आकर्षित किया!

"आप लोग बात तो कायदे की कर रहे हो। विकास की आड़ में कई लोग अपना उल्लू सीधा करते हैं। सुनते हैं, सड़कें इसलिए बननी शुरू हुईं कि कार कंपनियों का प्रेशर था। मोबाइल फोन की टेक्नोलॉजी आई तो महकमे के मंत्री जी के घर व तहखानों से रुपया मिला। आपको ऐसा नहीं लगता कि सिविक सोसाइटी के जागरूक होने की बहुत आवश्यकता है ?"

राजीव व रमेश दोनों मशग़ूल थे। बुज़ुर्ग की बात सुनकर उत्सुकतापूर्वक उनकी तरफ देखने लगे। चौथी सीट पर भी एक महिला यात्री आकर लेट गई थी। उसकी उपस्थिति का दोनों को ख़्याल ही नहीं आया। बुज़ुर्ग ने हस्तक्षेप किया तो अन्य यात्रियों के होने का भी आभास हुआ।

बुज़ुर्ग के चेहरे पर काफी शांति थी। हल्के बाल, वो भी काले व सफेद का मिश्रण, लगभग 70 वर्ष की उम्र प्रतीत होती थी। काले फ्रेम का चश्मा पहने थे। आसमानी रंग का कुर्ता व सफेद पायजामा उन पर जम रहा था। कोल्हापुरी चप्पल उनके पुराने शौक की गवाह थी। रमेश ने बुज़ुर्ग को ऊपर से नीचे देखा और आदरपूर्ण बोला, "जी···आप सही कहते हैं। पर मुश्किल लगता है।"

"मुश्किल क्या है ? क्या सिविक सोसाइटी ने तय कर लिया तो पब्लिक प्लेस में लोगों ने धूम्रपान कम नहीं कर दिया ? क्या चुनावों में सुधार नहीं हुए ?" बुज़ुर्ग बोले।

"जी, वो तो है। पर जहाँ पावर व पैसा है, करप्शन का बोलबाला

रहता है। कई तरह के खिलाड़ी अपना-अपना खेल खेलते हैं। प्रशासन भी हवा का रुख़ देखकर काम करता है।'' राजीव ने कहा।

''जी, आप ठीक कह रहे हैं। पर फिर भी सुधार तो लाना ही पड़ेगा। आप ही के स्टेटमेंट से यह प्रतीत होता है कि राजा अथवा रक्षक रुचि नहीं रखते तो प्रजा को ही जागृति लानी होगी। जब तक आधारभूत परिवर्तन नहीं होंगे तो कोई-न-कोई कहानी हम बनाते रहेंगे। उसको ज़बरदस्ती 'जस्टीफाई' करते रहेंगे।'' बुज़ुर्ग ने अपनी वाणी थोड़ी तीव्र करते हुए कहा।

''जी, ये तो आप स्वर्णिम युग की बात कर रहे हैं। अब वो बात कहाँ?'' रमेश ने उत्तर दिया।

''नहीं-नहीं जनाब। आप विकसित देशों का भी इतिहास देखें, वहाँ भी इसी तरह की ओछी राजनीति, लूटपाट, नकारा पुलिस, चापलूस प्रशासन किसी वक़्त रहा था। फिर चेतना आई। मीडिया ने भी सकारात्मक कार्य किया।'' बुज़ुर्ग बोले।

मीडिया का ज़िक्र आते ही राजीव के भाव तनिक बदले, ''ये तो ख़ुशी की बात है कि मीडिया को भी आप इतना श्रेय दे रहे हैं। परिदृश्य निखारने में मीडिया का बड़ा रोल है। पर कहते हैं अब तो चैनल भी अपने हितों का ध्यान रखते हुए अलग-अलग रुख़ अपना लेते हैं। पता ही नहीं चलता सत्य कितना है!''

''हाँ, आप ठीक कह रहे हैं। कभी-कभी तो एक ही चित्र को इतनी बार या इतने वीभत्स रूप से दिखा देते हैं कि जन-आक्रोश उत्पन्न हो जाता है। पर कुछ भी कहें। मीडिया की तत्परता के चलते कई फायदे भी हैं।'' रमेश ने टिप्पणी की।

''अरे! हर चीज के बारे में तीक्ष्ण राय बना लेना भी ठीक नहीं। गुण-दोष हर एक में हैं। फिर भी चेष्टा करनी चाहिए कि बैलेंस बना रहे।''

वार्त्तालाप और अधिक गंभीर हो चला था। राजीव व रमेश चुप रहे। चुप्पी तोड़ते हुए महिला भी नीचे उतर आई। बोली, ''अभी तक हापुड़ नहीं आया?''

तभी उधर से गुजरते रेवती ने कहा, ''मैडम आपका खाना?''

''मैं हापुड़ का इंतजार कर रही हूँ। मेरे एक रिश्तेदार घर से भोजन लेकर पहुँचेंगे।'' फिर मुस्कराकर रेवती को देखा, बोली, ''थैंक्यू!''

रेवती भी मुस्कराकर आगे बढ़ गया।

बुज़ुर्ग को अपने दिन भी याद हो आए। किस तरह से रेल यात्रा में हर स्टेशन पर अपने रिश्तेदारों से तरह-तरह का भोजन मँगाते थे और अपनी मित्र मंडली के साथ मौज-मस्ती करते थे। डींगे व शेखी अलग। पर अब वक़्त हो चला था। उम्र के हिसाब से भोजन की जरूरत भी कम हो चली थी। अब तो थोड़े में ही गुजारा हो जाता है।

''काफी रोचक वार्त्ता हो रही है। अंकल, आप कहाँ तक जा रहे हैं?'' महिला ने बुज़ुर्ग की स्मृतियों को तोड़ते हुए कहा।

''मैं बनारस यूनीवर्सिटी का रिटायर्ड प्रोफेसर हूँ। अब बनारस में ही मकान बना लिया है। वहीं जा रहा हूँ।''

''जी, मैं आपका नाम जान सकती हूँ। वहाँ मेरे मौसा डॉ. ए.के. पांडेय भी फैकल्टी में रहे हैं।''

''ओह, अच्छा, डॉ. पांडेय तो मेरे सहयोगी रहे हैं। पटना के न रहनेवाले हैं।''

''जी, वही।''

''क्या बात है!''

''मैं प्रो. मनोहर लाल। डॉ. पांडेय तो मुझे अच्छे से जानते हैं।''

''बड़ी ख़ुशी हुई आपसे मिलकर! मैं अपूर्णा हूँ। इलाहाबाद में रहती हूँ। दिल्ली किसी काम से गई थी। लखनऊ उतरूँगी। वहाँ भी कार्य है।''

''तुम भी कहीं काम करती हो?'' मनोहर लाल जी ने पूछा।

''जी, एडवोकेट हूँ। हाईकोर्ट में प्रैक्टिस करती हूँ।''

इतने में रेवती रमेश व राजीव का भोजन ले आया। बुज़ुर्ग ने भी अपना खाना निकाला। अपूर्णा से कहा, ''यह भी घर का खाना है। पांडेय जी की भतीजी हो तो मेरी भी हुई। चलो तुम भी शेयर कर लो। वैसे भी पूर्णिमा ने ज्यादा बाँध दिया।''

अपूर्णा को लगा कि पूर्णिमा शायद मनोहर जी की बिटिया होगी। बोली, ''जी! आप खाइए, मैं थोड़ा सा ले लूँगी।''

इस कंपार्टमेंट में अब शांति सी छाने लगी थी। ट्रेन की गति भी मंथर होने लगी। शायद कोई स्टेशन आने को था।

रेवती के लिए कहानी, किस्से, घटनाएँ आते-जाते सुनना आम बात थी। खाना बाँटते-बाँटते वह तीसरे कंपार्टमेंट में पहुँचा तो पाया कि विनोद भाई भी बैठकर वहाँ चल रहे वार्त्तालाप का मजा ले रहे थे। किसी पुलिस के बड़े अधिकारी के पिटने का मामला था। काफी लोग वहाँ इकट्ठे होकर सुन रहे थे। आस-पास के कंपार्टमेंट से भी लोग आ गए थे। घटना शायद मुरादाबाद की थी। कुछ लोगों ने रेवती से कहा, ''और जगह दे आओ, बाद में ले आना।'' कुछ ने कहा कि खाना सीट पर रख दो।

वक़्ता यात्री के स्वर दूर-दूर तक अब साफ सुनाई दे रहे थे।

''बताइए, पुलिस के अधिकारी ही पिटने लगे तो फिर आम लोगों का तो क्या होगा। कुछ दिन पहले ही की तो बात है। सभी अख़बारों में भी छपा था। सबसे मजेदार व आश्चर्यजनक बात तो ये है कि जिले के पुलिस कप्तान जब पिटने लगे तो जिला अधिकारी भी उन्हें छोड़ते चलते बने। कुछ देर बाद तो उनके अंगरक्षक और हमराह भी नदारद हो गए। अराजक तत्त्वों ने तो उन्हें लगभग मार ही डाला। अनगिनत चोटें आई थीं। कैसे बच गए, पता ही नहीं।''

"अजी, पुलिस अपना रवैया नहीं बदलेगी तो ये ही होगा। अब सीनियर ही पिटने को बचे हैं।" एक ने कहा।

"अब फोर्स पर तो कमांड ही नहीं रही। जिस परिवार का मुखिया 3-6 महीने में बदलता रहे, उसका क्या होगा।" एक टिप्पणी आई।

"पर इसके पीछे कोई तो बात होगी। ऐसे ही कुछ नहीं होता। शायद अधिकारी का व्यवहार, उसकी इमेज ठीक नहीं रही हो। सभी कैसे उसे छोड़ गए?"

"नहीं-नहीं, ख्याति तो उनकी अच्छी है। कुछ दिन पहले एक सांप्रदायिक घटना हुई थी। कदाचित् इस मामले के तार उसी घटना से जुड़े लगते हैं। शायद बैलेंसिंग ठीक नहीं हुई।" धीरे से मुस्कराते हुए मूल वक़्ता ने कहा।

"बैलेंसिंग?"

"भइया, नहीं न समझे। जब दूध का दूध और पानी का पानी न करिहो और सबन के मुँह में लड्डू थमाते रहो, तो कमी बेसी तो हो ही जाएगी," एक अन्य यात्री बोला। लगता है, उनकी इस मामले में अनुभवों के आधार पर पकड़ और भी गहरी थी।

"फिर जाँच में क्या आया?"

"अरे, जाँच कहाँ जाती। कुछ नेतागिरी हो गई। कुछ अंतर विभागीय दबाव बन गए। फिर जन-स्मृति भी सूक्ष्म होती है। जल्द ही लोग भूल भी गए। अधिकारियों के तबादले भी हो गए।"

"कहते हैं विभागों में या तो सीनियर जूनियर की खाई गहरी हो या फिर बँटवारे के झगड़े हों, तभी ऐसा कुछ होता है।"

"हो सकता है। पर इस मामले में तो कुछ सांप्रदायिक आपराधिक तत्त्वों की भी पहल रही होगी।"

"मतलब?"

"देखो जी, इन इलाकों में सोसाइटी क्रिमिनल पालती है। जब दंगे होंगे तो विपक्षी प्रहार से कौन बचाएगा। सीधे-साधे लोग तो डर के मारे दुबक जाते हैं। घरों से ही नहीं निकलते। प्रशासनिक सहयोग की अपेक्षा भी कम रहती है।"

"आप कुछ अजीब सी बात नहीं कर रहे ?"...

उपरोक्त वार्त्तालाप यात्रियों के मध्य चल रहा था। अपने-अपने अनुभव। अपने-अपने परिदृश्य। कुछ लोग अब जाने लगे। कुछ थाली खींचकर अपना खाना खाने में मशग़ूल हो गए। किंतु ये विचार एवं टिप्पणियाँ दो कंपार्टमेंट दूर प्रोफेसर मनोहर लाल ध्यान से सुन रहे थे। उनके मन में अनेक आभास उठ रहे थे, कुछ विचार जो सुषुप्त थे, जाग्रत् हो चुके थे। शायद वो अपनी अभिव्यक्ति करते, पर स्टेशन आ चुका था। कुछ लोग गाड़ी में और चढ़े। कुछ तेजी से उतरे और थोड़ी देर में केले, संतरे, समोसे लेकर घुसते नज़र आए। अभी तो दिन की यात्रा बाकी थी। उधर अपूर्णा जी उत्साहित नज़र आ रही थीं।

गाजियाबाद आ चुका था। अगला स्टेशन हापुड़ था, जहाँ से कि उनके परिजन उनके लिए घर का बना हुआ गरमागरम भोजन लाने वाले हैं। शायद अभी से जायके का अहसास होने लगा था। उससे ज्यादा ख़ुशी थी परिजनों से मिलने की। हालाँकि दिल्ली व हापुड़ दूर नहीं है, पर इस बार वे जा नहीं पाई थीं। पिछली दफ़ा तो एक रात रुकी भी थीं। रातभर अपनी बुआ व उनके बच्चों से गप्पें लड़ाईं। दिनभर अपने कार्यक्षेत्र में गंभीर बना रहना पड़ता है। हर हरकत से व्यक्तित्व व छवि पर प्रभाव पड़ता है। घर वालों से मिलकर जब बहुत सारी बेवकूफ़ियाँ करते हैं तो जीवन का एक अतुलित आनंद आता है। चिथड़ों में रानी बने रहने और बचपने में फिर से रमने के वो क्षण ही तो जिंदगी का अहसास कराते हैं।

अपूर्णा अपने विचारों में खोयी थी कि उसकी भंगिमा अचानक प्रो.

मनोहर लाल के संबोधन से टूटी। लग रहा था मानो प्रोफेसर के अंदर का वैचारिक व्यक्तित्व उन्हें कुछ सोचने व बोलने पर बाध्य कर रहा था। धीरे-धीरे बुदबुदाने लगे। न जाने कब उनकी आवाज़ और सघन हो उठी और अब साफ सुनाई देने लगा, "ये परिवेश कब बदलेगा? प्रभावशाली लोग ही अपने मुद्दों को जनहित मुद्दे का जामा पहना देते हैं। फिर भावनाओं से खेलते हैं। जनाक्रोश उत्पन्न कराते हैं। पुलिस कार्यवाही में इनमें से कोई नहीं मरता। गरीब के परिजन ही मरते हैं। बलात्कार का शिकार भी वो ही होते हैं। नेतागिरी होती है। मुआवज़े पर भी सौदा होता है। विकास के नाम पर भूमि अधिग्रहण।"

थोड़ी देर सन्नाटा रहा। प्रोफेसर फिर बुदबुदाने लगे, "मुआवज़ा मिल भी गया तो क्या। पैसे के पर लगे होते हैं। सब खर्च। फिर से फक्कड़। वैकल्पिक उत्थान की दिशा में कोई प्रयास नहीं।"

सभी पहलू अत्यंत ज्वलंत थे। पर कोई कुछ बोला नहीं। कोई प्रतिक्रिया नहीं। पेट में भोजन जाते ही वह आराम माँगता है। पेट भरा हो तो फिर जग की चिंता क्यों? बस एक अपूर्णा जी थीं, जो ध्यान से सुन रही थीं, पर उनके दिमाग का एक हिस्सा डिब्बे के बाहर झाँक रहा था। हापुड़ जो आनेवाला था। लालसा और ललक की तीव्रता के समक्ष जनहित धूमिल पड़ रहा था।

सभी यात्री इस ट्रेन यात्रा में अपनी सुविधा देख रहे हैं। थोड़ी देर में सभी अपने-अपने गंतव्य पर उतर जाएँगे। पर जो मुद्दे बुज़ुर्ग यात्री ने उठाए, उनके हल सभी को ढूँढ़ने हैं। बुज़ुर्ग को कहीं सुनी कविता की पंक्तियां स्मरण हो आईं, जो शायद हर कलह के दार्शनिक पहलू पर ज़ोर डालकर उससे उपजे दर्द को कम करने के प्रयोजन से लिखी गयीं—

अविरल

रात और दिन
गाड़ी के डिब्बे,
और साँसों का इंजन है;
उमर है इस गाड़ी के पहिए
और चिता स्टेशन है।
जैसे दो पटरी हों वैसे,
साथ चले दुःख-सुख;
छुक-छुक छुक-छुक,
रेल चली है जीवन की।
आना-जाना, खोना-पाना,
सुख-दुःख, दुःख-सुख
छुक-छुक, छुक-छुक।

□

दो

पुलिस में सुधार की बात सुनते ही रमेश बाबू तो उछल पड़े। मन मुआफ़िक टॉपिक। पुलिस का ख़्याल आते ही परिदृश्य उभरता है अत्याचारी, बद्तमीज़, लूटखसोट करनेवाले अप्रिय लोगों का। वास्तविकता इससे विपरीत हो सकती है। पर व्यवस्था कायम करने के कार्य में जो घटनाएँ निरुद्ध की गईं, उनका कोई स्वरूप नहीं होता। और जो घटित हो गईं, वे वीभत्स रूप ले लेती हैं। पुलिसिंग पर अक्सर कोई भी बोल सकता है।

हापुड़ से गाड़ी आगे बढ़ी तो मुरादाबाद की चर्चा होने लगी। मुरादाबाद का ज़िक्र आते ही प्रो. मनोहर लाल के चेहरे के भाव कुछ बदलने लगे। अनेक भाव एक के बाद एक स्पष्ट झलक रहे थे। अपूर्णा स्वयं को रोक नहीं पाई और फिर पूछने भर की देर थी। मानो बरसों से रुका हुआ सैलाब उमड़ पड़ा।

पीतलनगरी के नाम से प्रसिद्ध मुरादाबाद की वस्तुएँ प्रायः हर घर में मिल जाती हैं। अमीर से लेकर गरीब तक सभी के लिए यहाँ कुछ-

न-कुछ बनता है। करोड़ों का एक्सपोर्ट है। कई लोग धनी हो गए। वो बात अलग है कि मज़दूर कारीगर गरीब का गरीब ही रहा। उत्पादक से ज्यादा तो ट्रेडर्स कमाने लगे। पर प्रोफेसर की दुनिया कुछ अलग ही थी। उनके अपने अलग ही अनुभव रहे थे।

"मैंने मुरादाबाद से नौकरी शुरू की थी। लेक्चरर था मुरादाबाद कॉलेज में।" प्रो. बोले। अपूर्णा ने नजरें उठाकर प्रोफेसर की तरफ देखा। नजरें यह व्यक्त कर रही थीं कि वह उनके जीवन के बारे में आगे भी जानने को उत्सुक है।

"एक दिन का वाक़या है। शहर में गहन पुलिस चेकिंग चल रही थी। मैं स्कूटर पर था। अचानक एक अधिकारी ने मेरी गाड़ी रोकी और चेकिंग करने लगे। मैंने कौतूहलवश कुछ पूछा। इसी वार्त्तालाप में मैंने शायद उनके अधिकारों पर प्रश्न लगाया। अधिकारी नवयुवक से थे। शायद क्रोधित हो गए। उनका हाथ मेरे गाल पर चल गया। मेरी आँखें छलछला उठीं। मैं गाड़ी से उतरा और गाड़ी एक तरफ खड़ी की। लौटकर अधिकारी के पास आया। रोते हुए पूछा, "क्या आप मेरी गलती बता सकते हैं ?" और फिर फफक-फफककर रो पड़ा। अधिकारी ने पूछा, "आप क्या करते हैं ?" मैंने कहा, "लेक्चरर हूँ और आपने मेरे कॉलेज के पास, मेरे ही छात्रों के समक्ष मुझे तमाचा मारा है। आप कानून व्यवस्था प्रबंधन में अपना संयम खो सकते हैं। मैंने तो अपना आत्म-सम्मान ही खो दिया।" यह कहकर प्रो. चुप हो गए।

"फिर ?" अपूर्णा ने पूछा।

पुलिस की बेहूदी कार्यवाही की दास्तान पर बाकी यात्री भी स्वत: चौकन्ने हो प्रोफेसर की दास्तान सुनने को उत्सुक दिखे। शायद इस तरह के किस्से समाज को चौंका देते हैं।

"फिर कुछ नहीं। अधिकारी उस वक़्त तो वहाँ से चले गए। अगले

दिन उन्होंने कॉलेज आकर माफी माँगी। सभी छात्रों के समक्ष। बोले, "भावावेश में हाथ उठ गया।" विनीत नाम था उनका। फिर मेरी उनसे शनैः-शनैः बहुत दोस्ती हो गई। उनके साथ रहकर बहुत कुछ जाना, सीखा।"

"जी, वह भी बहुत रोचक ही होगा।" अचानक सहयात्री बोले।

"वैसे पुलिस का काम इतना सरल नहीं है, जितना लगता है। इतने सारे 'पावरग्रुप्स' समाज को अपने तरीके से चलाने की कोशिश करते हैं। इतनी एजेंसियाँ हैं। उसके मध्य कानून लागू करना हम लोगों के परिवेश में तो एक चुनौती है। सांप्रदायिक उबाल तो कभी भी उठ जाता था। मुरादाबाद के दंगों की कहानी सभी की जुबान पर है। विनीत की टीम अच्छी थी। उनके सहकर्मी मजिस्ट्रेट से भी मिला था। मजेदार शख़्स थे। देवहरि नाम था उनका। दोनों ने मिलकर एक थियोरी निकाली— 'सांप्रदायिक उर्वरता को नगण्य रखने के सिद्धांत'। बोलते थे, जहाँ की सांप्रदायिक ज़मीन उर्वरक है, वहाँ जरा सा बीज गिरे कि तुरंत पौधा निकल आता है। अतः यदि बीज की उत्पत्ति या आपूर्ति न रोक पाएँ तो ज़मीन को ही ऊसर कर दिया जाए। अच्छे से अच्छा सांप्रदायिक बीज स्वतः ही ख़त्म हो जाएगा या ज्यादा नहीं पनपेगा। उनका यह भी मानना था कि अनुशासन छोटी-छोटी चीजों से आता है। बड़े अभियानों से नहीं। और यह कारगर भी सिद्ध हुआ।"

सहयात्री तो आधा उठ बैठा। बोला, "बताएँ-बताएँ, हम लोग तो ख़ुद परेशान हैं। रोज ही हल ढूँढ़ते रहते हैं। हम लोगों ने तो 'सांप्रदायिक -सौहार्द' कमेटी बना रखी है, पर उसमें चाटुकार ज्यादा हैं, जनसेवी कम।"

"मैंने तो नज़दीक से देखा। लगभग 3 दर्ज़न से अधिक छोटे-छोटे अधिनियम हैं, जो हमारी रोज़मर्रा की लाइफ, व्यवसाय, आचरण

आदि को नियंत्रित करते हैं। बस उन्हें बख़ूबी लागू कर दिया। क्या-क्या परिर्वतन देखने में आए। वाक़ई आश्चर्यजनक। नापतौल से लेकर मिलावट, नकली या मियादी दवाएँ, स्वास्थ्य, सफाई, न जाने क्या-क्या कानून ढूँढ़-ढूँढ़कर लागू किए। इससे अनुशासन जाग्रत् होने लगा। दूसरी ओर सभी अराजक तत्त्वों को बंद करने, बेल कैंसिल कराने के साथ-साथ सांप्रदायिक नेताओं पर शिकंजा कसने का काम। सांस्कृतिक कार्यक्रमों, खेलकूद आदि सृजनात्मक कार्यों के ज़रिए सभी वर्गों का मिलन। बुद्धिजीवियों द्वारा विभिन्न वर्कशाप। व्यवसायों में विभिन्न समुदायों में परस्पर निर्भरता के भी नए प्रयोग किए गए। यानी सब तरह से सभी को व्यस्त रखा। आधी समस्याएँ तो इन सब प्रयोगों के चलते विस्फुटित ही नहीं हो पाईं।''

''हूँ, आउट आफॅ द बॉक्स। सही बात है। सफल लोग नई चीज नहीं करते, नए तरीके से करते हैं।''

''और देखो, मोहल्ला-मोहल्ला जाकर जन-जागृति। लोगों को समझाया। वहाँ सिविल सोसाइटी के जिम्मेदार लोगों को निगरानी रखने व सूचना देने का दायित्व देना। एक और पहल—विभिन्न सरकारी विभागों से जो भी लाभान्वित लोग थे, उनकी डायरेक्टरी बनवाकर उनसे सूचना लेना। जो लोग सड़कों पर या आस-पास छोटा-मोटा व्यापार करते हैं, पर आँख-कान खुले रखते हैं, उन्हें मित्र बनाना। चायवाले से ठेले वाले तक। यहाँ तक कि सुबह अख़बार बाँटने वाला भी। हर कोने से सूचना ही सूचना। समय से सही सूचना आना, यानी अस्सी प्रतिशत फतह।''

''यह तो लगता है कि शोध का विषय है।'' अपूर्णा ने चुटकी ली।

''तुम्हें मज़ाक लग रहा है। इस पर बाद में वाक़ई शोध भी हुआ है। जन मनोवृत्ति, जनाक्रोश के विभिन्न आयामों के सापेक्ष जन-व्यवस्था। पता है, उस शोध में कई रोचक बातें भी आईं।''

'' मैं निस्संदेह वह शोध कार्य देखना चाहूँगी।''

''मुझे ध्यान है, कई पहलुओं पर चर्चाएँ हुई थीं।''

''क्या दंगे सुनियोजित होते हैं, क्या ये अचानक होते हैं? क्या सतह के परे कई प्रवाह हैं, जो कुछ और कहानी बयाँ करते हैं? क्या सांप्रदायिक हिंसा को हिंसा से ही नियंत्रित किया जा सकता है? क्या मात्र पुलिस कार्यवाही ही पर्याप्त है? क्या पुलिस व्यवस्था में परिमार्जन ज़रूरी है इत्यादि—और भी बहुत कुछ।''

पुलिस में गुणवत्ता बढ़ाने की बात सुनते ही रमेश बाबू तो उछल पड़े। मन मुआफ़िक टॉपिक। पुलिस का ख़्याल आते ही परिदृश्य उभरता है अत्याचारी, बद्तमीज़, लूटखसोट करनेवाले अप्रिय लोगों का। वास्तविकता इससे विपरीत हो सकती है। पर व्यवस्था कायम करने के कार्य में जो घटनाएँ निरुद्ध की गईं, उनका कोई स्वरूप नहीं होता। और जो घटित हो गईं, वे वीभत्स रूप ले लेती हैं। पुलिसिंग पर अक्सर कोई भी बोल सकता है।

''जी, पुलिस व्यवस्था का तो भगवान् ही मालिक है। रक्षक के नाम पर भक्षक। यहाँ तक कि कोर्ट के एक न्यायाधीश ने ख़ुद नकारात्मक टिप्पणियाँ की हैं। सब जानते हैं।''

''नहीं-नहीं, मैंने तो नज़दीक से देखा है। यह मैं जानता हूँ कि पुलिस-सुधार की आवश्यकता है। पर पुलिस की प्रकृति भी वर्तमान परिवेश में देखनी होगी। वे भी इसी सोसाइटी से आते हैं। आप और हम जैसे। फिर क्यों बदल जाते हैं। हम लोगों का पुलिस अनुपात ही एक लाख पर 100 से भी कम है। अन्य देशों में यह 600-1200 के बीच है। रात-दिन काम करते हैं। उनकी कोई शिफ्ट नहीं है। कितने दबाव हैं। साधन भी नहीं। वो भी लोगों से माँगकर लेते हैं। अभी कुछ सुधार हुए हैं। पर राजनैतिक नियंत्रण है। ट्रांसफ़र, निलंबन का डर भी व्याप्त है। जब तक पुलिस स्वतंत्र व्यावसायिक इकाई नहीं होगी, तब तक निदान

बहुत मुश्किल है। देखिए जी, कुछ तो गड़बड़ रहेगी, समाज का प्रतिबिंब तो रहेगा। पर इन ख़ामियों के दूर होने से अधिकांशतः सुधार दिखेगा।''

''आप तो पुलिस वालों से दोस्ती निभा रहे हैं। बचाव में लग गए।'' रमेश ने टोका।

''नहीं, मैं तो प्रोफेसर हूँ। आईने की तरह देखता हूँ। बहुत कुछ गलत है। पर मूलभूत सुधारों से व्यापक परिवर्तन संभव हैं। बड़े राष्ट्रों में भी ऐसा रहा है। बाद में सुधार आए हैं। आप हिस्ट्री देखिए।''

''पर ये तो आप मानते हैं न कि अब समाज को अच्छी पुलिस चाहिए।''

''आप ने ध्यान दिया होगा। पहले परिवार, पंचायत, नगर संगठन स्वतः प्रभावी थे। पुलिस की जरूरत ही नहीं थी। आप स्वस्थ रहें तो डॉक्टर क्यों चाहिए। अतः पहले ध्यान नहीं दिया। अब कई समस्याएँ उभरी हैं। सांप्रदायिक जातिगत वैमनस्य के नए पहलू, आतंकवाद, चोरी-डकैती, आर्थिक अपराध, संगठित अपराध आदि।''

''नहीं-नहीं, पहले भी चोरी, ठगी, डकैती, मर्डर, जातिगत हिंसाएँ थीं।''

''हाँ, मानता हूँ। पर पुलिस पर ध्यान नहीं दिया गया। कई जगह तो रेवेन्यू पुलिस ही थी।''

''जी, आप लोग तो लगता है पूरे महकमे की ऑडिट कर डालेंगे। मुरादाबाद की आपकी कहानी तो अधूरी रह गई।'' अपूर्णा ने टोका।

''हूँ।'' प्रोफेसर ने हुंकार भरी। फिर बोले, ''मुझे स्मरण है। विनीत व देवहरि की टीम ने बहुत अच्छा काम किया। प्रदेश के 26 जिलों में आग लगी थी। सांप्रदायिक उन्माद अपनी पराकाष्ठा पर था। वहीं बाबरी मस्ज़िद-रामजन्म भूमि विवाद पर मुरादाबाद में कुछ नहीं होने दिया गया। खूब जन-सहयोग लिया। पुलिस भी मुस्तैद दिखी। कई बिजिनेसमैन

भी मदद में आए। पुलिस पेट्रोलिंग के लिए वाहन दिए। सिपाहियों को मौके पर ही खाना सुलभ कराया गया। वे भी ड्यूटी पर से 3-4 दिन तक हिले ही नहीं।''

''सुनकर स्वाभाविक नहीं लग रहा।'' अपूर्णा ने चुटकी ली।

''मुझे मालूम है। आप लोग ऐसा ही कहेंगे। लेकिन जब एक टीम वर्क होता है, जब नेतृत्वकर्ता ठान लेता है, जब जन-सहयोग सही इरादों से और सद्भाव से जाग्रत् किया जाता है, तो कायनात की सभी ताकतें एकजुट होकर साथ देती हैं, यह तो मेरा आखों देखा है।'' प्रोफेसर बोलते चले गए।

''फिर?'' अपूर्णा ने जिज्ञासा दिखाई।

''भारी संख्या में जेल भरो आंदोलन हुए। जगह-जगह नई जेलें घोषित हुईं। एक समय तो जनाक्रोश थमने का नाम ही नहीं ले रहा था। उस रात मुझे विनीत ने फोन करके सलाह ली थी। मेरे मुँह से निकला—पुरानी कहावत है, जब कई चिड़िया खेत में चोंच मार रही हों, तो दो कौवे मार कर टाँग दो। सब थम जाएगा।...''

''ये तो आपने पुराना सटीक नुस्खा खोल दिया।''

''हाँ, मैंने तो मज़ाक में कहा था। विनीत ने उसे लागू ही कर दिया। अगले दिन अख़बार में पढ़ा कि रात को कई नामी-गिरामी लोग बंद कर दिए गए। वाक़ई पूरा शहर सकते में आ गया। हरकतें थम सी गईं।''

''हूँ, तो दिशा व सोच आपकी थी। फिर इसका क्रेडिट प्रशासन को क्यों?''

''देखो जी, हम लोग कोई प्रथम प्राणी नहीं हैं। हमारे पूर्वज भी कई विषमताओं से गुजरे हैं। पुरानी सीख अपनाने में हर्ज़ा क्या?''

''बात तो ठीक है। पर सबकुछ अब पुराने माहौल का नहीं है,'' अपूर्णा बोली।

''हाँ, पर आधारभूत बातें तो नहीं बदलतीं। मानवीय व्यवहार के कई पहलू शाश्वत हैं।''

''पर क्राइसिस में पुलिस व्यवस्था भी पंगु हो जाती है।'' अपूर्णा विरोध के स्वर में बोली।

प्रोफेसर ने आस-पास के लोगों का मूड टटोला। सहयात्री दोनों की बात सुन रहे थे। एक दो मंद-मंद मुस्करा भी रहे थे।

प्रोफेसर ने देखा कि बहस गंभीर होती जा रही है। अचानक माहौल बदलने की मंशा से मुस्कराकर बोले, ''हमारे यहाँ व्यवस्थाओं में इतने विघटन व अभाव हैं कि कई मर्तबा प्रशासन को तिकड़मी होना पड़ता है। विनीत ने देखा कि जमकर छतों से पथराव होता है तो उसने बड़ी गाड़ी पर लंबी सीढ़ी रखवाकर पेट्रोलिंग करवाई। तुरंत पुलिस छतों पर पहुँच जाती थी। छोटी सी बात, पर कारगर रही।''

''जी,'' यह अपूर्णा की हुंकार थी।

''लोगों ने महिला व बच्चों को सामने लाकर उपद्रव किया। पुलिस के पास कोई विकल्प नहीं था। फिर किसी तरह वाटर कैनन का प्रयोग किया। महिला होमगार्ड से महिलाओं को नियंत्रित किया। उस पर भी महिलाओं व बच्चों पर पुलिस जुल्म के आरोपों सहित नेतागिरी हुई।''

''कभी-कभी तो लगता है पुलिस का काम बहुत दुष्कर है। मेहनत भी ये लोग काफी करते हैं,'' अचानक सहयात्री बोला।

''बात में आपके दम है। काश कि कुछ लोग जो दोषपूर्ण आचरण करते हैं, ऐसा न करें तो यह महकमा इतना बदनाम न हो।'' दूसरे ने कहा।

''मेरे एक रिश्तेदार पुलिस में हैं। उनका तो अपने साथियों से यही कहना था, चाहे 'गुडवर्क' न करें, पर 'बैडवर्क' करना छोड़ दें। तो भी सब बेहतर ही चलेगा।''

इस पर सभी खिलखिलाकर हँस दिए। तभी रेवती अपनी विशेष ध्वनि में पुकारता हुआ निकला, 'चाय…चाय…चाय।'

सबको हँसता देख वह भी मुस्करा दिया।

कदाचित् उसे मालूम था—चलती ट्रेन में किस्से-कहानियाँ एवं चाय सर्वथा टाइम पास होते हैं। हँसी के पीछे भी कई दर्द छुपे होते हैं। पिछली मर्तबा मुरादाबाद के ही एक शायर उससे टकरा गए थे। पूरे डिब्बे में वाह-वाह गूँजी तो उसने भी वाह-वाही लूटी। शेर भी बहुत माकूल था—

उसने अपने घर को,
हर रंग के कागज से सजा रखा है,
उसने जहाँ भर का दर्द,
अपने सीने में छिपा रखा है॥

□

तीन

विदेशों में प्राइमरी टीचर व प्राइमरी पढ़ाई पर ज्यादा तवज्जो है। भारत में विपरीत है। कोई भी पढ़ा देता है। नींव कैसे मजबूत हो। उसने अब्दुल कलाम साहब का भाषण भी सुना था। उनकी चिंता का विषय यही था। 11-12 वर्ष की अवस्था तक व्यक्ति का दृष्टिकोण एवं मूल्य मूर्त रूप लेने लगते हैं। उसका बीज उसी वक़्त पड़ जाता है, जो बाद में वृक्ष बनता है। कोई भी फलदार वृक्ष यही प्रतिपादित करता है कि उसका बीज कितना सशक्त था। अतः उनको इस बात का बेहद दुःख था कि 'इग्नाइटिंग माइंड' की मूल अवस्था में की जा रही सिखलाई को पूरी तरजीह क्यों नहीं दी जा रही है।

ज़िंदगी में कैसे-कैसे हादसे बिना बात हो जाते हैं। कई जानें नाहक़ चली जाती हैं। मुरादाबाद ट्रेन रुकी तो एक भीड़ सी चली आई। शायद दो ट्रेनें लेट हो गई थीं। रास्ते के मुसाफिर ऊपर, नीचे, दाएँ-बाएँ, जिसको जहाँ पाँव रखने की जगह मिली, चढ़ लिये। कुछ

समझदार यात्रियों ने रोका भी। छत पर जो चढ़ रहे थे, उन्हें नीचे आने की सलाह दी। सलाह क्या दी, झगड़ा ही हो गया।

दूसरे सहयात्री ने टोका, "मान्यवर, आप को क्या? आप बैठें। नाहक़ सिरदर्द मोल ले रहे हैं।"

यह बात थी स्लीपर साधारण कोच की। पर वरुण थमे नहीं। सब को डिब्बे की छत से उतारकर दम लिया। थोड़ी देर में ट्रेन चली।

सभी की तरफ रूबरू होकर वरुण बोले, "आप यह न समझें कि मैं सिरफिरा या जिद्दी हूँ। मैंने रेलवे का वह हादसा देखा है, जिसमें छत पर बैठे 49 आदमी एक पल में जीवन खो बैठे। कुछ कट गए, कुछ पिस गए। हृदयविदारक घटना थी।"

अचानक कंपार्टमेंट में चुप्पी छा गई। एक ने पूछ ही लिया, "आप वो शाहजहाँपुर पुल की बात तो नहीं कर रहे?"

"जी हाँ।" फिर वरुण ने पूरी दास्तान बयाँ कीं—

"एक बहुत बड़ी भरती होनी थी। सुरक्षा बलों की भरती थी। काफी तादाद में अभ्यर्थी आए थे। कुछ तो बेरोज़गारी, कुछ वर्दी वाली नौकरी पाने की ख़्वाहिश। पूरा शहर भर गया था। रेलवे स्टेशन, बस अड्डा—सब जगह अभ्यर्थी आ-जा रहे थे। आश्चर्य की बात तो यह कि आरक्षी की भरती के लिए पी-एच.डी. क्वालिफाइड लोग भी हिस्सा ले रहे थे। और फिर कोई प्रश्न-पत्र लीक होने की ख़बर आई। परीक्षा स्थगित कर दी गई। हजारों-लाखों युवा आए तो धीरे-धीरे थे, पर अब उन्हें एक साथ लौटना था। कुछ तो बहुत गरीब थे। मुझे स्मरण है, कइयों के पास तो रुकने, खाने के पैसे भी नहीं थे। कई तो नंगे पाँव ही गाँव से चले आए थे।"

"सच?" एक ने टोका।

"अभी तो आपने कुछ भी नहीं सुना। गरीबी का ब्यौरा सुनोगे तो

रोंगटे खड़े हो जाएँगे। ख़ैर, परीक्षा आगे खिसक गई तो सभी रेलवे स्टेशन भागे। जो गाड़ी मिली, उसी में लपक लिये। कई तो छतों पर भी बैठ गए। भीड़ का रेला देखकर शायद रेलवे या जी.आर.पी. के कर्मचारी भी नियंत्रण नहीं कर पाए। और घंटे भर बाद ख़बर आई कि रेलवे ओवरहेड ब्रिज के बीच में कटकर कई युवक जान से हाथ धो बैठे। छत पर बैठे थे। ट्रेन की गति तेज थी। सभी के सिर व धड़ टकराए। कोई घिसट गया। कोई गिर कर कट गया। कोई…''

''बस-बस भाई। हमारे लिए आगे सुनना संभव नहीं।'' एक अन्य साहब बोले। कंपार्टमेंट में एक दम सन्नाटा छा गया।

''पर ये तो सरासर एडमिनिस्ट्रेशन की लापरवाही है।'' किसी ने कहा।

''मैंने भी अख़बार में पढ़ा था। सुरक्षा बल ने जिला प्रशासन पर आरोप मढ़ दिया, यह कहकर कि हमने सूचना दे दी थी। जिला प्रशासन ने कहा कि सूचना लेट मिली, फिर भी उन्होंने बंदोबस्त किया। फिर रेलवे के ऊपर इल्ज़ाम मढ़े गए। ट्रेन के ऊपर छत पर लड़कों को बैठने क्यों दिया गया। जी.आर.पी. व आर.पी.एफ. ने भी पल्ला झाड़ा। कहा कि भीड़ बहुत थी। सूचना नहीं थी। फोर्स कम पड़ गई। फिर वह मुद्दा राज्य व केंद्र सरकार के बीच आरोपों-प्रत्यारोपों का मुद्दा बन गया। तारतम्य की कमी।''

''कुछ भी कहें। हादसा तो हुआ ही। प्रशासन क्या, सभी को ध्यान देना चाहिए।'' वरुण बोले।

''अरे, किसी को क्या फर्क पड़ता है। केवल पीछे जो घरवाले रह गए, वो ही प्रभावित होते हैं। सरकार भी तुरंत मुआवज़ा घोषित कर देती है। एक जाँच कमेटी बिठा देती है। कुछ दिन में लोग भूल जाते हैं।''

''इसमें भी कुछ ऐसा ही हुआ होगा।'' किसी अन्य ने कहा।

जिन लोगों को घसीट-घसीटकर छत से उतारा था, उनमें से कुछ इस डिब्बे में भी बैठे थे। पूरी बात सुन रहे थे। एक नवयुवक ने कह ही डाला, ''क्या करें साब! कभी-कभी तो लगता है, मर जाना ही बेहतर है।''

''ऐसा क्यों कहते हो?'' वरुण ने टोका।

''क्या करें। डिग्री लिये-लिये घूम रहे हैं। घर वाले भी आस लगाए हैं। डिग्री पाने को भी पैसे खर्च किए। नौकरियाँ ही नहीं। कई जगह तो डिग्री की इज्जत नहीं।''

''ये बात सही है। कई जगह तो नौकरियाँ ही नहीं। और कई जगह तो आलू-प्याज के भाव डिग्रियाँ मिल रही हैं। डिग्री है, पर योग्यता नहीं।''

''जी, हम लोग तो दोनों ओर से मारे जाते हैं। सरकार ने प्राइवेट कॉलेजों को लाइसेंस दिए। वहाँ भी लूट है। पढ़ाई कम। ख़ुद ही कुछ करना पड़ता है।'' दूसरा नवयुवक बोला।

''सोचा तो ये था कि सरकारी तंत्र से प्राइवेट व्यवस्था बढ़िया होती है। पर शिक्षा के क्षेत्र में प्राइवेट सेक्टर के भी कई कटु अनुभव हैं।''

''अवसरवादिता! शिक्षा एक व्यवसाय बनकर रह गई है।''

''अजी, सिपाही भरती होने को तो 10वीं या 12वीं पास होना पर्याप्त है। उसके आगे की पढ़ाई में आप देखें तो 15-20 लाख रुपए नंबर दो में 'केपिटेशन-फीस' ले लेना मामूली बात है। इंजीनियर बनो या डॉक्टर। पढ़ाई नाम मात्र की। अभी तो एम.बी.ए. भी 15-20 हजार की नौकरी में ही खप रहे हैं। 12वीं पास सिपाही को ही 20 हजार मिल जाता है।'' सहयात्री ने कहा।

वरुण चुपचाप सुन रहे थे। बातें सही भी हैं। हालाँकि वरुण का अपना मानना था कि कॉलेजों से ज्यादा जरूरत है प्राइमरी स्कूल पर

ध्यान देने की। नींव वहीं पड़ती है। विदेशों में प्राइमरी टीचर व प्राइमरी पढ़ाई पर ज्यादा ज़ोर देते हैं। भारत में विपरीत है। कोई भी पढ़ा देता है। नींव कैसे मजबूत हो। उसने अब्दुल कलाम साहब का भाषण भी सुना था। उनकी चिंता का विषय यही था। 11-12 वर्ष की अवस्था तक व्यक्ति का दृष्टिकोण एवं मूल्य मूर्त रूप लेने लगते हैं। उसका बीज उसी वक़्त पड़ जाता है, जो बाद में वृक्ष बनता है। कोई भी फलदार वृक्ष यही प्रतिपादित करता है कि उसका बीज कितना सशक्त था। अतः उनको इस बात का बेहद दुःख था कि 'इग्नाइटिंग माइंड' की मूल अवस्था में की जा रही सिखलाई को पूरी तरजीह क्यों नहीं दी जा रही है।

अचानक ट्रेन एक धक्के से रुक गई। कहीं से आवाज़ आई—सिग्नल नहीं है। ड्राइवर पहले से देख नहीं पाया लगता है। फिर भी···।

थोड़ी देर में चुप्पी तोड़ते हुए एक ने कहा, "अब तो बरेली आना चाहिए।"

"लगता तो यही है।" दूसरे ने कहा।

बरेली का नाम आते ही वरुण के मनोभाव बदलने लगे। उसके चेहरे की भावाकृतियाँ शनैः-शनैः और गंभीर और फिर द्रवित होती चली गईं। उसने अपने परिजनों को विगत दंगों में जो खोया था। और फिर वह एक दबे हुए आक्रोश के स्वर में बुदबुदाने लगा, जो धीरे-धीरे तीव्र होता चला गया—

"किस शिक्षा की बात करते हैं। केवल किताबें पढ़ लेने को शिक्षा कहते हैं। जाति तथा धर्म के अनुरूप मान्यताएँ एवं विद्वेष अभी भी हमारे सोच को कलुषित कर देती हैं। हर साल जुलूस निकलते हैं। कहीं पेड़ बड़ा हो गया तो आफत। कहीं बिजली के तार थोड़े ढीले हो गए तो नया मुद्दा। सफाई कम हुई, सड़क पर चूना नहीं डला···पता नहीं क्या-क्या मसले उठाकर लोग लड़ने को आमादा हो जाते हैं। एक-दूसरे

के त्यौहार के प्रति स्पर्धा रखते हैं। और फिर बात-बात में हिंसा, तोड़-फोड़, लूटपाट, आगज़नी…।''

प्रोफेसर ने वरुण के हाथ पर हाथ रखा। उसके चेहरे पर आई वेदना और होंठों से निकली फुसफुसाहट को भाँपते हुए उसकी आँखों में देखा। मानो कहना चाह रहे हों—'सँभलो!'

सांत्वना का स्पर्श पाकर वरुण के छुपे भाव और भी विस्फुटित हो उठे। प्रोफेसर को लगा कि वरुण बहुत कुछ कहना चाहता है।

''तुम, लगता है कहीं गहरी चोट खाए हो,'' प्रोफेसर वरुण की ओर देखते हुए बोले।

''बहुत सोचता हूँ, याद न करूँ। पर दुःखद क्षण बार-बार अपनी व्यथा दे जाते हैं। कभी-कभी तो सिस्टम पर भी गुस्सा आता है। कभी समाज और उसके कर्णधारों पर।''

''हूँ, काफी रोष छुपा है तुम्हारे भीतर?''

''मैंने अपने माँ-बाप को दंगों में खोया है, इसी बरेली शहर में'' साँस छोड़ते हुए वरुण बोला।

अचानक डिब्बे में चुप्पी छा गई। सभी को लगा कि उस मुसाफिर को गहन वेदना है। एक बारगी तो लगता ही है कि परिजनों का बिछोह कितना दर्दनाक रहा होगा। वो भी असामयिक। सुबह-सुबह अख़बार में पढ़कर तुरंत यह भूल जाना कितना आसान होता है कि फलाँ हादसे में कुछ लोग मर गए। पर जब ख़ुद के परिजनों पर हादसा होता है तो कितना आंतरिक आक्रोश होता है। यह भी कितना आश्चर्यजनक है कि राजनैतिक अथवा प्रशासनिक अमला इस बात पर संतोष व्यक्त करता है कि पिछले वर्ष के मुकाबले कुछ लोग कम मरे। जान किसी की भी हो, कीमती होती है। फिर एक हो, चाहे सौ। 'जीरो टोलरेंस' वक़्तव्यों को हास्यास्पद होते अक्सर देखा है। वरुण ने अपने दिमागी ख़्यालों से

गुजरते हुए बोलना शुरू किया—

"दो साल पहले मार्च के महीने में देखते-देखते शहर में दंगा हो गया। सुबह तक कुछ नहीं था। जुलूस भी आ-जा रहे थे। पुलिस बंदोबस्त थे, पर सुस्त। जुलूस के मार्ग में पीपल के पेड़ की एक डाल लटककर अवरोध कर रही थी। एतराज हुआ। डाल ऊपर करके भी जुलूस जा सकता था। प्रशासन छँटाई भी करा सकता था। पर किसी ने ध्यान नहीं दिया, शायद दो दिन पहले भी आपत्ति दर्ज़ हुई थी। जुलूस वालों ने मौके पर डाल तोड़ दी। फिर क्या था। शनैः-शनैः मुद्दा बन गया। पुलिस भी थी। पर कम। उन्होंने भी हस्तक्षेप नहीं किया। अचानक आपस में हिंसक वारदातें शुरू हो गईं। शहर में अफवाहें फैलती गईं। जगह-जगह आगज़नी। लगा मानों सभी लड़ने का इंतजार कर रहे हों। डी.एम., एस.एस.पी. में भी आपस में तालमेल नहीं था। व्यवस्थाएँ पंगु हो गईं। लगभग 100 से अधिक दुकानें व मकान जले। 60 से अधिक जानें गईं। मेरे माँ-बाप भी उसमें मारे गए। वो दिन अभी भी याद है। अच्छे ख़ासे शहर को न जाने किस पागलपन ने नियंत्रित कर लिया। लोग बदहवास हो गए। अधिकारी निलंबित हुए। नए लोग आए। पर जो होना था, हो गया। मुआवज़े का दौर चला। दिवंगतों को भूलकर मुआवज़े के सौदे हुए। कभी-कभी तो लगता है, हम जा कहाँ रहे हैं? नेताओं के आने का दौर चला। कइयों को शहर के बाहर ही रोका गया। कदाचित् वो आकर उन्माद को और हवा न दे दें।" वरुण कहता हुआ थोड़ा रुका।

"हूँ, मैं समझ सकता हूँ।" प्रोफेसर बोले।

"अजी, ये सब नेताओं की चाल है। आम आदमी को तो अपनी दो जून की रोटी कमाने से ही फुर्सत नहीं। सब मिल-जुलकर ही रहते हैं। बस कुछ लोग आग लगाकर अपनी रोटी सेंकते हैं।" एक ने कहा।

"अब तो कारोबार इतने बढ़ गए हैं कि लोग किसी भी कीमत पर

दंगे नहीं चाहते। हिन्दू व्यवसायी के यहाँ मुसलमान मज़दूर या मुसलमान कारोबारी के यहाँ हिन्दू मज़दूर इस तरह से जुड़े हैं कि परस्पर आर्थिक-निर्भरता है और कलह की तो कतई सोचते ही नहीं।'' दूसरा बोला।

''धर्म के आईने दिखाकर सत्ता के खेल खेले जाते हैं। इसी में फिर कमाई के ज़रिए भी ईजाद होते हैं। वही पुरानी चालें, पहले हवा का रुख़ बदलते हैं। फिर नया खेल खेलते हैं…'' कई तरह के ख़्याल प्रोफेसर के ज़ेहन में आते गए और वो अपने शोध कार्यों से इन प्रतिबिंबों को जोड़ते चले गए।

इसी बीच न जाने वरुण को कब झपकी लग गई। शायद थकान व मानसिक वेदना ने उसके शरीर को चूर कर दिया था। नींद ही हर दर्द की अंतिम दवा है।

वरुण तो अपनी आप बीती की चर्चा करके सुषुप्त अवस्था में चले गए, किंतु प्रोफेसर का मस्तिष्क और भी तीव्र गति से कार्य करने लगा। कदाचित् उनका व्यवसाय ही ऐसा है, जिसमें चिंतन का स्थान प्रमुख है। हालाँकि ऐसे भी कई शिक्षक देखे गए हैं, जो एक बार बनाए गए नोट्स से वर्षों तक छात्रों को पढ़ाते रहे। किंतु प्रो. मनोहर कुछ अलग ही रहे हैं, ऐसा उनकी बातों से भी झलक रहा था। उन्हें स्मरण आता रहा कि विनीत उनको कितना बताते थे कि सांप्रदायिक उन्माद अथवा दंगों से उत्पन्न स्थितियों को किस प्रकार अलग-अलग दल अलग-अलग रूप दे देते हैं। सत्ता पक्ष उन्हीं घटनाओं को न्यून करके प्रदर्शित करता था। अधिक-से-अधिक हुआ तो जिलाधिकारी अथवा पुलिस अधीक्षक का स्थानांतरण कर दिया। जन परिदृश्य बदलने के लिए राजधानी से विशेष टीम का दौरा करा दिया या फिर मौके पर मुआवज़े की घोषणा कर दी। चोट लगने से लेकर दिवंगत होने की अवस्था तक की मुआवज़े की दरें तय रहती हैं। संपत्ति का नुकसान होने की दरें भी सो अलग। सांप्रदायिक

सौहार्द पर परिचर्चाएँ, रैलियाँ, पोस्टर और टी.वी. पर साक्षात्कार का सिलसिला भी शुरू होता है। हिंसा को प्रारंभ में हिंसा से ही रोकने की प्रशासनिक तिकड़म, फिर विभिन्न शांति प्रयासों एवं परिदृश्य प्रबंधन के गुरों का प्रयोग। यदि गौर से देखें तो आई.सी.यू. में भरती मरीज़ की तरह बहुतरफा प्रयोग होता रहता है। जो दवा काम कर जाए वही ठीक। इतना होकर भी जो कुछ उष्णता रह जाए तो हर दंगे के बाद एक जाँच आयोग का गठन, जहाँ सबकी भड़ास निकलती है। प्रो. मनोहर ने ही कई जाँच रिपोर्ट अपने शोध कार्य में पढ़ रखी थीं। सब में वही मसौदा। घटना की व्युत्पत्ति के मूल कारक। भविष्य में पुनरावृत्ति न हो, उसके प्रति संस्तुतियाँ। लेकिन कोई भी रिपोर्ट 2-3 साल से पूर्व नहीं आती। और फिर उसके लागू करने से पूर्व मंथन में पुनः कुछ साल लग जाते हैं। सरकारें बदल जाती हैं। फिर वरीयता क्रम में अन्य विषय आ जाते हैं। ये सभी रिपोर्ट फिर पल्ले पड़ती हैं बुद्धिजीवी वर्ग के, जो इनके आधार पर अपनी शोध डिग्रियों का कथानक बनाते हैं। यही सब सोचकर प्रोफेसर मुस्कराते रहे। जन प्रबंधन के टोटकों पर व्यंगात्मक हँसी ही पर्याप्त है। और अधिक गहराई में जाने पर कदाचित् व्यवस्था पर क्षोभ होने लगे। सांप्रदायिक दंगों से प्रभावित शहरों में अक्सर सौहार्द की यादें ताजा करने की रस्म अदायगी स्वरूप अक्सर मजलिसें होती हैं। प्रोफेसर को एक ग़ज़ल, जो तकरीरों के मध्य उन्होंने सुनी, यथार्थ के नज़दीक लगी थी। वही उनकी जुबान पर अक्सर चढ़ जाती थी। अब तो समय भी बहुत हो गया था। पर मोटा-मोटा याद था—

यह नए उसूल का शहर है, यहाँ ज़ाब्ता कोई और है
यहाँ रात है किसी और की, यहाँ जागता कोई और है।
यहाँ जो भी है वो ख़ुदा का है, न नवाँ मेरी, न सुकूँ मेरा,
यहाँ लफ़्ज हैं किसी और के, यहाँ बोलता कोई और है॥

कुछ-कुछ प्रोफेसर भूलने लगे। पहली लाइन याद नहीं आई। फिर दूसरी के कुछ अल्फाज याद आए—

''यहाँ ख़्वाब हैं किसी और के, उन्हें देखता कोई और है''

ट्रेन की गति धीरे होने लगी। बरेली शहर के भवन नज़र आने लगे। इतना कुछ सोचते-सोचते प्रोफेसर के मुँह से यह मुहावरा निकल ही पड़ा 'उल्टे बाँस बरेली को'। बरेली के लिए इस मुहावरे की अब कोई प्रासंगिकता शेष रही हो अथवा नहीं, पर सांप्रदायिक नगरों की जीवन-शैली और उसको नियंत्रित करने के लिए अपनाए गए प्रशासनिक टोटके इस मुहावरे के पीछे हुई मंशा को कुछ हद तक अवश्य चरितार्थ करते हैं।

□

चार

''जी, ऐसा नहीं है। सब संवेदनशील हैं। सब समझते हैं। पर सिस्टम के आगे कहाँ तक जूझेंगे। यहाँ के लोग जब विदेश जाते हैं तो सब कानून का पालन करते हैं। घर लौटकर फिर संस्कृति बदल जाती है। यहाँ तो सिफारिशें चलती हैं। मुकद्मा चला भी तो गवाही के प्रति लोग सजग नहीं। पुलिस ही सच्ची-झूठी गवाही निर्मित करती है। और फिर केस कितने साल चले, पता नहीं।''

ट्रेन के सफ़र में हर प्रकार की संस्कृति की छाप देखने को मिलती है। बरेली पर भी काफी भीड़ थी। हालाँकि दिन के तीसरे पहर में गरमी अभी कम नहीं हुई थी। पर जिसको जाना है, वह जाता ही है। ए.सी. कोच में जगह नहीं तो साधारण स्लीपर कोच में ही सही। कई तो ए.सी. यात्रा महँगी होने के कारण साधारण कोच में ही सफ़र करते हैं। यहाँ भी अलग-अलग तबकों से यात्री आते हैं। व्यावहारिक प्रतिक्रियाओं के विभिन्न स्वरूप भी उसी के अनुरूप देखने को मिलते हैं।

''तनिक बैठ जाइए। हमें भी बैठना है। दिन में यह सीट सोने

के लिए नहीं है,'' यह कहते हुए एक सज्जन लेटे हुए यात्री के पाँवों को हटाकर बैठ गए। एक दफ़ा तो लगा कि लड़ाई हो जाएगी। पर लेटे हुए यात्री ने संयम से काम लिया। बोले, ''मेरा रिजर्वेशन है। आपकी सीट कौन सी है?''

''अजी, हम तो रोज ट्रैवेल करते हैं। दिन में कोई रिजर्वेशन नहीं होता। रात में ही सोइये।'' उधर से तुरंत उत्तर आया।

लेटा हुआ मुसाफिर और सिकुड़ गया। उसके दोस्तों ने कहा था, 'यू.पी. या बिहार में जाओ तो सँभल के। वहाँ कहावतें भी उल्टी है। कुछ समझाओ तो धमका भी देते हैं, ''ऊपर से छः इंच छोटा कर देंगे''। सोचा, कौन जोखिम ले। टी.टी.ई. आएगा तो बोलूँगा।

थोड़ी देर में घुसपैठिए यात्री महोदय ने लेटे हुए मुसाफिर के नीचे से अख़बार खींचते हुए कहा, ''आपका है, आज हम अख़बार नहीं देखे हैं। पढ़ लें?''

यह यात्री बेचारा पहले से ही संकुचित था। बचे-खुचे पन्ने भी ढूँढ़कर दे दिए। सोचा होगा, अख़बार पढ़ेगा तब तक चुप रहेगा। थोड़ी सी जगह में बैठा है। शांति से बैठा पढ़ता रहेगा।

पर ऐसा हुआ नहीं। मनोविज्ञान में कहते हैं, एक व्यक्ति किसी विशेष तरह से ही व्यवहार करेगा, क्योंकि वह अन्य प्रकार से व्यवहार कर ही नहीं सकता। यानी कि हर व्यक्ति अपनी मानसिक संरचना का गुलाम है। भिड़ते ही न्यूज थी, ''गाँव वालों ने दरोगा को अगवा किया।''

पुलिस तो अक्सर लोगों को बिना बात पकड़कर थाने पर पूछताछ के लिए बिठा लेती है। वह भी देहाती क्षेत्रों में जहाँ लोगों या मीडिया की पहुँच कम है। ऐसे में गाँव वाले दरोगा को बंधक बना लें, वाक़ई एक ख़बर है।

अब कुछ तो बोलना था सो बोलने लगे, ''अजीब गुंडागर्दी हो गई

है। मानने को मन नहीं करता है कि जातिवाद की यह पराकाष्ठा भी होगी। बताइए, सत्ता पक्ष भी अब एक विशेष जाति समर्थित है। उनके लोगों की बात नहीं मानी तो सत्ता के नशे में चूर लोगों ने थानेदार को ही उठाकर गाँव में बंद कर दिया।''

वक़्ता ने चारों तरफ देखा। कोई सुन नहीं रहा था तो आधी सीट पर सो रहे मुसाफिर की टाँग पर थपकी देकर उनसे मुख़ातिब हो गए। एक तो सीट पर अतिक्रमण कर लिया, अब सोने नहीं दे रहा। पर शुरू में बहादुर नहीं हुए तो अब क्या खाक शूरवीर होते। थोड़ा सा सिर हिलाकर कोरी सी मुस्कान दे दी। पर ये जनाब कहाँ चुप होने वाले थे।

पूरा समाचार पढ़कर अब महाशय जी अपने अंदाज़ में उस पर चर्चा करने को आतुर थे। इधर-उधर देखा। सामने एक वृद्ध पुरुष एकटक होकर कुछ सोच रहे थे। उन्हीं की तरफ देखते हुए बोलने लगे, ''देखिए जी, क्या वक़्त आ गया है। राजनैतिक गुंडई है। ये गाँव सत्तापक्ष वालों का गढ़ है। कुछ लोगों ने दूसरे वर्ग की महिलाओं के साथ बदसलूकी की। लोग थाने पहुँचे। पुलिस ने केस कायम किया। गिरफ्तारी भी की और दबंग लोग पहुँच गए मुल्जिमानों को छुड़ाने।''

वृद्ध ने कौतूहलवश देखा, शायद जानना चाह रहे थे कि और क्या हुआ। मुँह से निकला, 'फिर···'।

''फिर क्या, पुलिस से थाने पर मुजामहत हुई और पुलिसवालों को पीटकर गाँव भाग गए। मुल्जिमों को भी छुड़ा ले गए। थाने पर मात्र 2-3 सिपाही थे। कुछ कर नहीं सके। घिर गए थे। जैसे ही दबंग हटे, तो फोन करके एस.ओ. को इत्तला की। एस.ओ. साहब ने दलबल सहित गाँव में दबिश दी। और हिम्मत देखो, एस.ओ. को ही बंदी बना लिया। बाकी पुलिस वालों को उपद्रव करके, डरा-धमकाकर भागने को मजबूर कर दिया।''

कुछ लोगों ने यह ख़बर पढ़ी नहीं थी। इस तरह का वाक़या सुनकर उठ बैठे। अब महाशय को लगने लगा कि श्रोता बढ़ रहे हैं तो और फैल गए। अब तो सीट के मूल धारक को भी अर्द्ध-निद्रा से उठाकर बिठा दिया।

"कहाँ की घटना है?" एक ने पूछा।

"अजी, आगरा की। अंतरराष्ट्रीय स्तर पर ख्याति प्राप्त नगर है ताजमहल की वजह से। पर वहाँ जाओ तो लगता है, कहाँ आ गए। उस पर इस तरह का सलूक। कोई पर्यटक न चाहे भी तो उसको एक बारगी कंपन जरूर महसूस होगी। ऐसी खबरें छुपती कहाँ हैं। पुलिस भी ऐसी ही है…।"

"फिर छूटे कि नहीं?"

"कौन, दरोगाजी? अरे, सभी आला अधिकारी गाँव की तरफ लपके। बात लखनऊ भी पहुँची। पर सत्ता पक्ष के लिए गाँव के दबंग ज्यादा महत्त्वपूर्ण थे, न कि थाना। भूल गए कि थाना ही राज्य का प्रतीक है। फोन पर अधिकारियों को बोला गया कि वार्त्ता के ज़रिए सुलझाएँ। अर्थात् कानून लागू न करें।"

"ऐसे कैसे?" एक सहयात्री के मुँह से निकला।

"कहाँ से हैं आप?" घटना का ब्योरा दे रहे महाशय उत्तेजित अवस्था में बोले।

"जी, मैं मधुसूदन हूँ। राजस्थान से हूँ।"

"तभी आपके राज्य में फिर भी कुछ सभ्यता व संस्कृति है। वैसे मुझे ताराचंद कहते हैं। रेलवे में ही सुपरवाइज़र हूँ। यू.पी. का ही रहनेवाला हूँ।"

"अजी, यू.पी. में तो बहुत अनर्थ हो रहा है। पुलिस भी पिटती है। कुछ पिटने लायक काम भी करती है।" अब मोहनलाल, जो सीट के मूल धारक थे, से भी नहीं रहा गया और बोल ही पड़े।

"पर इस मामले में तो पुलिस की कोई गलती नहीं थी, फिर भी अधिकारियों ने माफी माँगी, केस रफा-दफ़ा किया। मुल्जिमानों को कानूनन छोड़ा, उसी हिसाब से लिखा-पढ़ी की। अख़बार में भी बहुत थू-थू हो रही है। लिखा है—राजनैतिक दबाव में पुलिस।"

"पर करें भी क्या। पुलिस को अंग्रेजों ने दमनकारी रूप दिया था और सत्ता के आधीन रखा। आज भी वही है। बहस बहुत होती है, पर कोई परिवर्तन नहीं। मैं भी इसी महकमे से रिटायर हुआ हूँ," ऊपर लेटे एक शख़्स बोले।

"अच्छा बताइए, बुरा मत मानना, आप लोग क्या अपना ज़मीर ताक पर रख देते है ?" अब वृद्ध से नहीं रुका गया और लगा कि उनका वर्षों से दबा कोई आक्रोश बाहर निकलने को है।

"जी, ऐसा नहीं है। सब संवेदनशील हैं। सब समझते हैं, पर व्यवस्था के आगे कहाँ तक जूझेंगे। यहाँ के लोग जब विदेश जाते हैं तो सब कानून का पालन करते हैं। घर लौटकर फिर संस्कृति बदल जाती है। यहाँ तो सिफारिशें चलती हैं। मुकद्मा चला भी तो गवाही के प्रति लोग सजग नहीं। पुलिस ही सच्ची-झूठी गवाही निर्मित करती है। और फिर केस कितने साल चले, पता नहीं।"

साधारण कोच की व्यवस्थाएँ लचीली होती है। ट्रेन कुछ धीमी हुई। शायद अगला स्टेशन आने को था। तभी कुछ विक्रेता घुस आए। "हाँजी, ठंडा, कोल्डड्रिंक, जूस, पानी···" और लोहे के ओपनर को बोतल पर घुमाते हुए कुछ ध्यानाकर्षक ध्वनि निकालने लगे। उधर से दूसरा शख़्स आया—उबले हुए चने पर प्याज, टमाटर व मिर्च का मिश्रण बनाकर बेच रहा था। शायद यह सामग्री ज्यादा डिमांड में थी। ताजा व चटपटी। फटाक से डिस्कशन रुका और सभी एक-एक पत्ते की माँग करने लगे। धड़ाधड़ बिक्री हुई। गुफ़्तगू को भी ब्रेक लग गया।

"साहब, पैसा छुट्टा दीजिएगा। 5 रुपया का पत्ता है।" पेट व चटकारे के आगे सभी प्रकार का चिंतन छू-मंतर हो गया।

"क्या जी, शाहजहाँपुर है क्या?"

"जी, साहब। जल्दी करो, गाड़ी जाने को है। उतरना है। नहीं तो अभी मामा लोग आकर पचास का अपना पत्ता ले लेंगे।"

सभी हँस दिए। शायद यह रोज की बात थी। अब तो लोगों ने टोकना भी छोड़ दिया।

पर हँसी और उपहास में अंतर बहुत ही महीन होता है। एक सेवानिवृत्त पुलिस अधिकारी ने ही कभी कुछ लिखा था। पुलिस व्यवस्था पर 'थाने की आत्मकथा' के रूप में उपहास के पीछे छिपी वेदना का बोध। शनैः-शनैः लोग वह भी भूल गए—

कोई मुझे भगवान् कहता है,
कोई मुझे हैवान कहता है,
मैं थोड़ा यह भी हूँ, थोड़ा वह भी हूँ।

मैं किसी के लिए दवाखाना हूँ,
किसी के लिए केवल दुकान हूँ।

पर किसी ने कभी मुझसे यह पूछा है,
कि मेरे ज़हन पर कितना बोझा है?

किसी ने कभी कहा था,
मैं तेरी तकदीर बदल दूँगा,
तुम्हें श्यामल से श्वेत कर दूँगा।

अविरल

मैं आज भी रात जागता हूँ,
दिन में भागता ही भागता हूँ,
मैं अब न श्वेत हूँ न साँवला हूँ,
हर रंग से मटमैला हूँ।

अब क्या कोई 'कृष्ण' यहाँ वाक़ई आएगा,
या ख़ुदा का भेजा सफेद 'मेमना' कोई लाएगा?

□

पाँच

> और सबसे अप्रिय बात यह कि जिस विभाग की शिथिलता के कारण जनाक्रोश हुआ, उसका तो दूर-दूर तक पता ही नहीं और मौके पर शासन की शक्ति के प्रतीक स्वरूप पुलिस को जनाक्रोश झेलना पड़ता है। पुलिस दुश्मन बन जाती है। मूल मुद्दा कहीं और चला जाता है और पुलिस को अत्याचार का केंद्रबिंदु बना लिया जाता है। स्वस्थ रहने के सिद्धांतों की अवहेलना करो, फिर डॉक्टर भी न आए और सीधे सर्जन को भेज दो तो उसको तो जो उसे आता है, वह वही करेगा। दोष किसका? जाहिर है, जो मौके पर हो।

किसी ने सिस्टम की बात उठाई तो उस पर प्रतिक्रिया तो होनी ही थी। व्यक्ति विशेष के सुधार की बात होती है तो भी चर्चा तो बहुत होतो है, पर वक़्ता स्वयं को किसी भी मापदंड से बाहर रहकर बात करता है। ख़ुद पर लागू करना मुश्किल ही नहीं, अप्रिय भी है। आर.एन. सिंह साहब मज़ाक में कहते थे—

"भारत में जब अपने से ऊपर वाले की कोई बात करता है तो सोशलिस्ट हो जाता है। जब अपने से नीचे के स्तर की बात होती है तो कैपिटलिस्ट बन जाता है।" छोटा सा वाक्य, पर अपने आप में बहुत कुछ कह जाता है। आज जब ट्रेन में सिस्टम की बात सुनी और वह भी पुलिस के संदर्भ में तो उनके भी मस्तिष्क में अचानक विचार कौंधने लगे। अभी तक वे आराम से अपनी किताबें पढ़ रहे थे। ऊपर की सीट से नीचे झाँका, पर उन्हें कोई व्यक्ति रास नहीं आया। सो नीचे नहीं उतरे। पर दिमाग का क्या भरोसा। सोचना शुरू कर देता है तो पता नहीं कब रुके।

शाहजहाँपुर गाड़ी क्रॉस कर चुकी थी। लखनऊ आने को था। लखनऊ का ख़्याल आते ही अवध के नवाबों की कई कहानियाँ, रोचक किस्से और 'पहले आप' की कई दास्तानें याद आने लगती हैं। सिंह साहब के सगे भतीजे तो लखनऊ में जिला पुलिस कप्तान भी रहे। यू.पी. में एस.एस.पी. को कप्तान कहते हैं, अमूमन सभी इससे वाक़िफ हैं। इस बहाने लखनऊ की कई यात्राएँ कीं। चारबाग से लेकर छोटे-बड़े इमामबाड़े की सैर, रेजीडेंसी के संस्मरण और फिर गली-मोहल्लों के चटकारे। टुंडे के कबाब से लेकर गलियों की चाट, ठेलों की कुल्फी और चाय के अड्डे। सिंह साहब के चेहरे पर कई मुस्कानें आईं और चली गईं। अचानक उनकी मुद्रा गंभीर हो उठी। कदाचित् मस्तिष्क में कोई अप्रिय भाव अथवा पुराने जख़्मों का स्मरण कौंधा होगा। जो कोई सिंह साहब को जानता होगा, उसके लिए अनुमान लगाना मुश्किल न था। एक साल पहले की ही बात थी। सिंह साहब कई मर्तबा ज़िक्र भी कर चुके थे।

उनका भतीजा राजीव लखनऊ का पुलिस कप्तान था। तेज-तर्रार व ईमानदार। औरों की तरह घटना स्थल पर विलंब से नहीं पहुँचता था, बल्कि स्थानीय थानेदार व उसमें होड़ रहती थी कि पहले कौन पहुँचे।

उसकी इसी सजगता से सब थर्राते थे। राजधानी के कप्तान की कई परेशानियाँ भी रहती हैं। क्राइम तो कंट्रोल करना ही है, पर दुनिया भर के धरने-प्रदर्शन भी झेलने होते हैं। किसी भी तरह की समस्या हो, किसी भी विभाग से संबंधित हो, सभी लोग राजधानी की सड़कों पर 'हाय-हाय' और 'मुर्दाबाद' के नारे लगाने पहुँच जाते हैं। और सबसे अप्रिय बात यह कि जिस विभाग की शिथिलता के कारण जनाक्रोश हुआ, उसका तो दूर-दूर तक पता ही नहीं और मौके पर शासन की शक्ति के प्रतीक स्वरूप पुलिस को जनाक्रोश झेलना पड़ता है। पुलिस दुश्मन बन जाती है। मूल मुद्दा कहीं और चला जाता है और पुलिस को अत्याचार का केंद्र बिंदु बना लिया जाता है। स्वस्थ रहने के सिद्धांतों की अवहेलना करो, फिर डॉक्टर भी न आए और सीधे सर्जन को भेज दो तो उसको तो जो उसको आता है, वह वही करेगा। दोष किसका? जाहिर है, जो मौके पर हो।

राजीव हालाँकि बहुत सूझ-बूझ से काम लेता था, पर जन-व्यवस्था में कब क्या गुबार उठे, पता नहीं। उस दिन शिक्षामित्रों का आंदोलन था। प्रदेश भर के शिक्षामित्र आए थे। महीनों से वेतन नहीं मिला। क्या करते। हजारों की संख्या में थे। शहीद स्मारक घेर लिया। कई महिलाएँ भी थीं। यातायात रुक गया। पास ही में हाईकोर्ट भी स्थित था। मेडिकल कॉलेज भी वहाँ से ज्यादा दूर नहीं। बहुत नियोजन करके तरह-तरह की व्यवस्थाएँ की गईं। कई सुरक्षा घेरे बनाए गए। समाधान के लिए शिक्षा विभाग से कोई प्रतिनिधि नहीं आया। दिन भर बीत गया। जो नेतागण सभी को बटोरकर लाए, उन्हें गालियाँ पड़ने लगीं। कई तो भूख-प्यास व धूप के चलते वैसे ही अपना संयम गँवा बैठे थे। अचानक वह जमावड़ा हिंसक हो उठा। सबसे पहले तोड़-फोड़ हुई बसों की। फिर भड़की आगज़नी व लूटपाट। कई राजनैतिक प्रतिद्वंद्वी तमाशा देखने पहुँचे थे और फ़िराक में थे कि कब अपनी रोटी सेंके। सो मौका मिल ही गया। और

कहीं से मीडिया भी पहुँच गया। शायद बुलाया गया। ख़बर में आने की होड़ में तो कुछ हिंसक तत्त्व और भी सक्रिय हो गए। ऐसे मौके पर ये तत्त्व आग लगाकर, उकसाकर ख़ुद रफूचक्कर हो जाते हैं। पुलिस आती है तो अव्यवस्था में फँसे निर्दोषों पर ही बरसती है, जो ख़ुद परिस्थितियों में फँसे होने के कारण अनियंत्रित व्यवहार कर बैठते हैं। मौके पर इतनी फुरसत कहाँ कि दूध और पानी अलग-अलग करें।

राजीव को ख़बर लगी तो वह पहुँचा। सबसे पहला काम तो यह कि अपनी ही फौज को नियंत्रित करें, जो कि चोटिल होकर बदहवासी में दुगनी रौद्रता धारण कर ले रही थी। ऐसे में एक-एक को पकड़-पकड़कर रोकना पड़ता है। और डर रहता है कि इससे पहले जवान अधिकारी को पहचाने, अधिकारी की ही चीखें न निकल जाएँ। अपनी ही फोर्स का शिकार जो हो जाते हैं। बहुत एहतियात बरतने के बावजूद राजीव को दोनों ओर से चोटें लगीं।

जिला कप्तान का घायल होना एक बहुत बड़ी बात है। वह भी राजधानी के पुलिस कप्तान। अफरा-तफरी में और भी बल पहुँचा। सब को खदेड़ा गया। जन प्रबंधन में किस प्रकार भाव बदलते हैं, यह देखने लायक होता है। पहले तो पुलिस के प्रति हमदर्दी थी। कई पुलिसकर्मी व कप्तान घायल थे। उनके संयम की तारीफ की गई। पर जब दोपहर तक उत्पात और बढ़ गया तो हिंसा को और अधिक हिंसा से नियंत्रित किया गया। शासन के या प्रशासन के कोई प्रतिनिधि मध्यस्थता न करे और सीधा पुलिस बनाम पब्लिक द्वंद्व हो जाता है तो फिर थमना मुश्किल है।

पुलिस और अधिक वैमनस्यता से टूट पड़ी। और फिर क्या था, वही भावना घनघोर निंदा में बदल गई। सिंह साहब अपनी भावुकता में अपने विचार बयान कर रहे थे कि अचानक एक सहयात्री ने धारा प्रवाह दास्तान में रोक लगाई—

"यह तो कोई बात नहीं हुई। शिक्षक आखिर समाज के दिग्दर्शक हैं। उनके साथ इस तरह का व्यवहार तो निंदनीय ही है।"

"हाँ, अपना विरोध प्रगट करके चले जाते। शनैः-शनैः परिवेश उनके अनुकूल बनता। हिंसा की क्या जरूरत थी?" एक अन्य ने कहा।

"विरोध तो कई माह से हो रहा है। पर बिना रोए तो माँ भी दूध नहीं पिलाती। शिक्षकों के प्रति संवेदनशीलता है कहाँ?"

"और आप समझते हैं कि शिक्षकों में पूर्ण संवेदनशीलता है। अभी हाल ही में छपा था। कई तो शिक्षक स्कूल जाते ही नहीं। कुछ टाइम पास करते हैं। कुछ छात्रों से अपना निजी काम करवाते हैं।"

"ये बात हो सकती है, होती हो, कुछ लोग करते होंगे, पर इससे आप पूरे शिक्षक समुदाय को लांछित नहीं कर सकते।"

सिंह साहब को लगा कि कहीं वातावरण और अधिक उष्ण न हो जाए। लड़ाई-झगड़ा भी हो सकता था। तुरंत मुस्कराकर बोले—

"आप लोग तो इसे व्यक्तिगत ले रहे हैं। सफ़र के दौरान चर्चा एक टाइम पास है।"

फिर चर्चा का रुख़ बदलने के हिसाब से सिंह साहब ने कहा, "जानते हैं, देश विकास एवं चरित्र निर्माण में पढ़ाई का विशेष महत्त्व है। व्यक्ति का सोच, दृष्टिकोण, मनोभाव—सबकुछ उसी पर निर्भर है।"

"बात तो सौ टके की है। पर हमारे देश में अभी वो अवस्था कहाँ। कुछ नहीं से कुछ सही। अतः जो भी थोड़ा पढ़ा-लिखा है, शिक्षक या शिक्षामित्र के रूप में चयनित कर लिया जाता है।"

"हूँ, पर धीरे-धीरे समझ व जागरूकता बढ़ रही है।" देखिए न, कंप्यूटर के आने से कृषकों, डेरी में जुटी महिलाओं और आम आदमी के जीवन में समझ बढ़ी है। और मोबाइल टेक्नोलॉजी तो परिवर्तन का सूचक बन गई है।"

ट्रेनों का सफ़र भी मजेदार होता है। विचार एवं वार्त्तालाप किसी भी दिशा में भाग सकता है। पर पटरियाँ तो वहीं रहती हैं, जिस पर यात्री एक गंतव्य से दूसरे पर पहुँच जाते हैं। गाड़ी ने लखनऊ रेलवे स्टेशन के प्लेटफार्म नं. 1 पर धीरे-धीरे प्रवेश किया। जी.आर.पी. का ऑफिस उसी प्लेटफार्म पर है। लग रहा था कि पुलिस वाले किसी की तलाश कर रहे हैं। पर यह मात्र केवल सिंह साहब को मालूम था। राजीव को उन्होंने खिड़की से ही देख लिया। लपककर दरवाजे पर पहुँचे। शाम के सात बजे थे। गाड़ी केवल 10 मिनट रुकेगी। सभी यात्रियों को हलचल में देखकर लगा कि किसी-न-किसी वजह से वे लखनऊ पहुँचने का इंतजार कर रहे थे। किसी ने अपने रिश्तेदार को बुलाया। कोई 'घर' का खाना देखकर पुलकित था। किसी ने कुछ चटपटा खरीदा। और कुछ केवल मजा लेने के लिए उतरे—"मुस्कुराइए कि आप लखनऊ में है।" इस शहर में कोई किसी को गाली भी देता है तो बड़े ही सलीके से—

"जनाब, आप निहायत ही बद्तमीज़ किस्म के शख़्स हैं।"

लखनऊ चारबाग स्टेशन पर लगा बड़ा सा बोर्ड यात्रियों को अपनी विरासतों का हवाला देकर लुभा रहा था—

"अगर आप तहज़ीब और नज़ाकत से
इत्तफ़ाक़ रखते हैं
बेशक मुस्कुराइए कि आप
लखनऊ में हैं।"
"लखनऊ हम पर फ़िदा है
और हम फ़िदा-'ए'-लखनऊ;
क्या है ताकत आसमानो की,
जो चुराए लखनऊ।"

□

छह

धर्म की आड़ में कई स्थानों पर यह एक व्यवसाय बन गया था। आश्रम में कई भक्त आए, ये कैसे सुनिश्चित हो। आश्रम का महिमा मंडन कैसे हो। मार्केटिंग के नुमाइंदे यहाँ भी अपना करतब दिखाते थे। कला वही है—कुछ प्रतिष्ठित लोगों, पदाधिकारियों को भविष्य की 'सलाह' और उनके लिए 'नेटवर्किंग'। कुछ आम आदमी उनकी प्रतिष्ठा के चलते आश्रम में विश्वसनीयता ले आते थे। बाकी दरिद्रों को घेरने के लिए गाँव-गाँव में ढिंढोरा किया गया कि महाराज के यहाँ भंडारा है। महाराज मुफ्त में भक्तों को प्रसाद स्वरूप थालियाँ व लोटे भी बाँटेंगे। दूर-दूर गाँवों से सपरिवार लोग आने लगे। पूरे घर को बरतन मिलेंगे, केवल इसका लालच था।

लखनऊ रेलवे स्टेशन पर दस मिनट के अंदर प्लेटफार्म नंबर एक पर हुई हलचल शायद किसी के लिए कौतूहल का विषय न हो,

पर बोगी नं. 8 में बैठी विनीता के लिए अचंभित कर देने वाला दृश्य था। हालाँकि ट्रेन में पेंट्री कार थी, पर यात्रियों में अपने हिसाब से प्लेटफार्म से खाने की वस्तुएँ खरीदने की होड़ मची थी। शायद लखनऊ के बाद वाराणसी ही बड़ा स्टेशन होगा और शाम सात बजे भोजन का भी समय होने लगा था। वो दरवाजे पर खड़ी नजारा ले रही थी कि अचानक कोई 'महाराज' तीन-चार भक्तों के साथ कोच में चढ़ने लगे। महाराज से ज्यादा भक्तगण तीव्रता दिखा रहे थे। विनीता को पहले ही ऐसे लोगों से परहेज था। उसका सोचना था, सही मायने में भक्त हैं तो दीनता होनी चाहिए। पर दीनता की जगह मान-सम्मान की चाह या श्रेष्ठता की ललक अधिक परिलक्षित होती है। ख़ैर, वह तो एक तरफ हो गई और उस रेले को जाने दिया। जितनी जल्दी जाएँ सो ही ठीक है। विनीता के इस भाव के पीछे कुछ कटु अनुभव थे। विनीता के भावों को अक्षय बाबू ताड़ गए, जो पास ही में खड़े थे और धीरे से मुस्करा दिए। इसी बीच ट्रेन चलने लगी। अक्षय और विनीता अपनी सीट पर जाने लगे। बुदबुदाए, "पाखंड ज्यादा है। संत के नाम पर इतना तामझाम क्यों?"

विनीता को लगा कि अक्षय के और उसके विचार मिलते हैं। उसने भी साँस छोड़ते हुए कहा, "भगवान् बचाए।"

"आप बनारस रहती हैं या घूमने जा रही हैं?" अक्षय ने तनिक जिज्ञासा दिखाते हुए पूछा।

"जी, घूमने।"

"मैं तो सुल्तानपुर उतर जाऊँगा। वैसे रहनेवाला प्रतापगढ़ का हूँ।" अक्षय बोले।

प्रतापगढ़ का नाम सुनकर विनीता को कुछ याद आ गया। उसके भाई विनीत ने कुछ दिन पूर्व ही उसे एक घटना बताई थी। सामने बैठे महाराज को देखकर वह और असहज होती जा रही थी। घटना ही ऐसी

वातानुकूल शयनयान

थी। उसे विनीत का बोलता हुआ चेहरा और शब्द हूबहू याद हो आए।

किसी आश्रम में हुए हादसे की कहानी थी। अचानक ख़बर आई थी कि 60 से अधिक लोग आश्रम का गेट गिरने से दबकर मर गए। घटना को हादसा बताया जा रहा था। पर विनीत, पेशे से पुलिस अधिकारी, का दिमाग और भी गहराई तक सोच रहा था। धर्म की आड़ में कई स्थानों पर यह एक व्यवसाय बन गया था। आश्रम में कई भक्त आएँ, ये कैसे सुनिश्चित हो। आश्रम का महिमा मंडन कैसे हो। मार्केटिंग के नुमाइंदे यहाँ भी अपना करतब दिखाते थे। कला वही है—कुछ प्रतिष्ठित लोगों, पदाधिकारियों को भविष्य की 'सलाह' और उनके लिए 'नेटवर्किंग'। कुछ आम आदमी उनकी प्रतिष्ठा के चलते आश्रम में विश्वसनीयता ले आते थे। बाकी दरिद्रों को घेरने के लिए गाँव-गाँव में ढिंढोरा किया गया कि महाराज के यहाँ भंडारा है। महाराज मुफ्त में भक्तों को प्रसाद-स्वरूप थालियाँ व लोटे भी बाँटेंगे। दूर-दूर गाँवों से सपरिवार लोग आने लगे। पूरे घर को बरतन मिलेंगे, केवल इसका लालच था। आश्रमवालों ने भी अदांज़ा नहीं लगाया था। गरीब को जलेबी का लालच जरूर दिया, पर इसका अंदाज़ा नहीं था कि लोगों को वर्षों से इसी प्रकार के प्रलोभन दिए जा रहे हैं। सालों से लोग इसी प्रकार मुफ़्तख़ोरी की आदत से मजबूर हो चुके हैं। ऐसे में अन्य कोई उम्मीद भी नहीं रही। अपना काम करके सभी रफूचक्कर हो जाते हैं। नेता से लेकर महाराज तक।

ख़ैर, भीड़ तो जुट गई, पर सँभली नहीं। बरतन बँटने लगे तो लगा कि कम पड़ जाएँगे। लोगों को इसकी भनक लगी और आपाधापी मच गई। आश्रम का गेट नए सिरे से बन रहा था। दो दिन पहले ही खड़ा हुआ। सूखा भी नहीं था। भगदड़ में गिर गया। भव्य आश्रम का भव्य गेट। कुछ गेट के नीचे दबकर मरे। कुछ एक-दूसरे के नीचे कुचलकर मरे। 20 से शुरू नफरी 60 तक पहुँच गई। इंसानियत के क्या-क्या रूप

होते हैं ? कब अपनी साख बचाने में धार्मिक महाराज, राजनीतिक भक्त, पुलिस एवं प्रशासन की कलाएँ वीभत्स रूप धारण कर लेती हैं, यह ब्यौरा विनीत ने विस्तार से विनीता को समझाया था। स्मरण-पटल पर सबकुछ ताजा होते-होते विनीता के चेहरे पर उभरी वेदना इस बात का प्रतिबिंब थी कि एक संवेदनशील व्यक्ति कहाँ तक आहत महसूस कर सकता है। असली कहानी तो अब शुरू होनी थी।

विनीत ने बताया था कि किस प्रकार 'महाराज' भी अचानक विलुप्त हो गए थे। पर पुलिस की पकड़ से दूर कहाँ जाते। गलती कर बैठे कि अपना फोन बंद नहीं किया। पुलिस दल पता लगाते पहुँचा तो उन्हें एक मंत्री जी के आरक्षित कक्ष में पाया। मंत्री जी परम भक्त थे। जिस तेजी से पुलिस गई, उसी तेजी से लौट आई। राजनीतिक हस्तक्षेप बढ़ने लगा। यह ख़बर भी खूब फैली। प्रेस ने भी उछाला। 60 लोगों का मरना मामूली बात नहीं थी और अभी तो पोस्टमार्टम व दाह संस्कार भी होना था। काफी हृदय-विदारक दृश्य था। बहुत पब्लिक जमा थी। वो दिन भी निकल गया। अगले दिन से कई राजनैतिक पार्टियों के नुमाइंदे व शीर्ष नेता पहुँचने लगे। कुछ वाक़ई सांत्वना देने, कुछ अपनी रोटी सेंकने के लिए। ख़ैर, जो पुलिस जन-मानस को आश्वस्त करती, वही अब वी.आई.पी. सुरक्षा में लग गई। पुलिस पर भी आरोप आए। एक तो इतनी तादाद में भंडारा करने की अनुमति क्यों दी ? दूसरा, आरोपी को पकड़ क्यों नहीं रहे ? प्रेस व अन्य पक्षीय राजनेताओं के दबाव को देखकर आनन-फानन में एक एफ.आई.आर. कर दी गई। वह भी बनाम अज्ञात। घटनास्थल आश्रम। स्थानीय पुलिस तेजी न दिखा सके, इसलिए अगले ही दिन केस सी.आई. डी. को ट्रांसफ़र कर दिया गया। एक तो पब्लिक को कहने को हो गया कि अच्छी तफ़्तीश के लिए सी.आई.डी. लगा दी गई है। दूसरा, आरोपियों की सुरक्षा भी हो गई, क्योंकि सी.आई.डी. अपना समय लेती है। विलंब

से धीरे-धीरे जन स्मृति भी धूमिल हो जाती है। विनीत के ये सभी शब्द विनीता को हथोड़े की तरह पुनः आहत करने लगे। 'साधो ई मुर्दन का गाँव,' कबीर ने इस जगत् की निरर्थकता के व्यापक सत्य को लोगों को चेताने के लिए अपने शब्द के माध्यम से उजागर किया। पर यहाँ पर ये ही सूक्ष्म अभिव्यक्ति लोगों के मरे हुए ज़मीर को प्रतिपादित कर रही थी।

"जी, नमस्कार। सुल्तानपुर आ रहा है। मैं सामान गेट के पास खिसका लेता हूँ। गाड़ी 2-3 मिनट ही रुकती है।" अचानक सहयात्री ने विनीता की स्मृतियों को ब्रेक लगाया। विनीता को लगा कि एक बार उस राही से पूछ भर ले कि उन परिवारों का क्या हुआ? पर थम सी गई।

"जी, ऑल द बेस्ट," विनीता ने अनमनी हँसी लाते हुए शिष्टाचार पूर्ण किया।

बाद में मालूम पड़ा कि फाइनल रिपोर्ट लग गई। साक्ष्य के अभाव में कोई भी दोषी नहीं था। और कुछ दिन बाद वही आश्रम दिल्ली के सीमावर्ती जिलों में उत्तर प्रदेश की सीमाओं में ही शिफ्ट हो गया। भक्त एवं भगवन् दोनों सर्वव्यापी हैं। कहीं भी अवतरित हो सकते हैं।

विनीता ने कुंठित भाव से सामने बैठे महाराज व उनके शिष्यों को देखा। महाराज के शरीर व हाव-भाव से लौकिकता ही अधिक झलक रही थी। भक्तगण भी रूढ़ियों का निर्वहन कर रहे थे। काश कि धर्मांधता से उठकर चिर स्थायी आत्मिक अस्तित्व और उसके विकास पर लोग ध्यान केंद्रित करते तो अपने घर का एकांतमय कोना ही पर्याप्त था। बड़ी-बड़ी दुकानें फिर न तो खुलतीं, न चलतीं। विनीता को ढकोसलों से वैसे ही चिढ़ थी।

ख़ैर, जिंदगी के अनेक पहलू हैं। उसने धीरे-धीरे अपने मन को समझा लिया था। अब एक और पड़ाव निकल गया। ट्रेन सुल्तानपुर को भी पीछे छोड़ गई।

अविरल

संध्या का समय था। यद्यपि रेलवे स्टेशन के जन-परिसर में किसी भी धर्मस्थल का निर्माण धर्मनिरपेक्ष लोकतंत्र के विशुद्ध मापदंडों के अनुरूप प्रासंगिकता नहीं रखता, फिर भी एक पुराना विवादास्पद मंदिर था, जो कदाचित् अपरोक्ष अनहोनी के अंदेशे के चलते हटाया नहीं गया, तथापि वहाँ लाउडस्पीकर पर कुछ श्लोक बज रहे थे, जिसकी ध्वनि विनीता तक पहुँच रही थी। हालाँकि ऐसी हठधर्मिता और ध्वनि प्रदूषण कारक गतिविधि से विनीता कतई इत्तफ़ाक़ नहीं रखती थी, फिर भी संस्कृत के उन श्लोकों ने उसे आकर्षित किया। वह ध्यान से सुनने लगी—

''शुभम करोति कल्याणमारोग्यं धनसम्पदा।
शत्रु बुद्धिविनाशाय दीप ज्योतिर्नमोऽस्तुते॥
दीप ज्योतिः परब्रह्मा दीप ज्योतिजनार्दनः।
दीपो हरतु में पापं दीप ज्योतिर्नमोऽस्तुते॥''

उसे लगा कि इन्हीं श्लोकों को सुनकर संभवतः उसके साथ यात्रा कर रहे 'महाराज' दीर्घ निद्रा अथवा ध्यान में चले गए।

□

सात

बगल के कंपार्टमेंट में मनोरमा जी यात्रा कर रही थीं। वह भी नारी उत्पीड़न की दिशा में काम कर रही थीं। काफी जुझारू थीं। पर व्यवस्था से लड़ते-लड़ते वे भी हताश होने लगी थीं। ठहाके सुनकर उन्हें अच्छा नहीं लगा। ज़ोर-ज़ोर से चिल्लाकर कहने का मन हुआ कि नारी पीड़ा पर चर्चा करते-करते आपके मनोभाव ठहाके में कैसे बदल सकते हैं। कहाँ गई सभ्य समाज की संजीदगी। पर बोल नहीं पाई। फिर अपनी सहयोगिनी से बोली, ''केतकी, तुम्हारी बोतल में पानी हो तो एक घूँट पिलाओ।''

सुल्तानपुर से गाड़ी आगे बढ़ी ही थी कि सांध्य समाचार की प्रतियाँ लेकर कुछ लड़के अलग-अलग डिब्बों में चढ़े। ये वे कम उम्र के लड़के थे, जो अपनी जीविका के लिए अख़बार बेचते हैं या यात्रियों की आवश्यकता का सामान लेकर डिब्बों में चढ़ जाते हैं। चोरी-चकारी बढ़ जाने के बाद रेलवे ने भी इन पर पाबंदी लगा दी। अब अधिकतर लाइसेंस शुदा विक्रेता ही स्वच्छंद हैं। फिर भी कभी-कभी छोटे स्टेशनों

पर इनकी आमद-रफ्त रहती है। कुछ रेलवे के छोटे स्टाफ से दुआ-सलाम या भाईबंदी हो जाती है। कभी-कभी रेलवे पुलिसकर्मी इनसे बेगार भी करा लेते हैं।

'राजधानी अब महिलाओं के लिए सुरक्षित नहीं,' यह हैडलाइन चिल्लाता हुआ लड़का जल्दी-जल्दी सबको अख़बार बेच रहा था। एक नज़र इधर-उधर भी थी। कहीं कोई रेलवे या पुलिसकर्मी उसे भगा न दे। लड़के की किस्मत अच्छी थी। दो-तीन कर्मी उसकी ओर बढ़े ही थे कि उधर से रेवती आ गया। लड़का रेवती को जानता था।

"सलाम रेवती भाई।" वह बोला।

"सलाम तो ठीक है, पर तुम कट लो।" रेवती ने कहा।

तुरंत ही फिर रेवती रेलवेकर्मियों से बोला, "जाने दो, बस अगले स्टॉप पर उतर ही रहा है।"

रेलवेकर्मियों को इतना कहकर रेवती बोगी नं. 7 से बोगी नं. 2 की ओर बढ़ गया। इधर अख़बार की सुर्खियों पर बोगी नं. 7 में बहस होने लगी। कोई पुलिस को दोष दे, कोई स्कूली शिक्षा को, तो कोई माँ-बाप के शिथिल होते पारिवारिक नियत्रंण को। पर सबसे ज्यादा दोषारोपण हुआ पुलिस पर ही। काफी देर तो दीनानाथ जी सुनते रहे। फिर उनका मन हुआ कि हस्तक्षेप करें। फिर सोचा, क्या फायदा। थोड़ी देर कश्मकश में रहे। वैसे दीनानाथ जी सुलझे हुए समाजसेवी थे। कई वर्षों से बाँदा जिले में समाज सेवा में अपना जीवन-यापन कर रहे थे। आख़िरकार उनका संयम टूट ही गया और बोले, "दुःख होता है यह जानकर कि हमारे समाज में महिलाएँ सुरक्षित नहीं हैं, पर यह केवल राजधानी का ही मसला नहीं है।"

"अजी, हर जगह अब असुरक्षा फैल रही है।" दूसरे ने कहा।

"वही मैं भी कह रहा हूँ। केवल राजधानी हिलती है तो ही

राजधानी अब महिलाओं
के लिये सुरक्षित नहीं

सबका ध्यान क्यों जाता है। मैं तो पाठा क्षेत्र से हूँ। आपको वहाँ की दास्तान बताऊँ तो आपके रोंगटे खड़े हो जाएँगे।'' दीनानाथ बोले।

एक बारगी तो सन्नाटा छा गया। फिर चुप्पी तोड़ते हुए दीनानाथ ने कहा, ''मैं तो कई मामलों में आवाज़ उठा चुका हूँ। कुछ दिन बाद थक-हार के पीड़िता का परिवार हताश हो चुप हो जाता है।'' दीनानाथ के चेहरे पर वेदना दिखाई देने लगी।

''अरे बाँदा और पाठा क्षेत्र पर ध्यान आया। आपके यहाँ एक बहुचर्चित 'केतकी' प्रकरण हुआ था। विधानसभा में भी उसकी गूँज उठी थी।'' एक अन्य सहयात्री बोला।

''हूँ। सही कह रहे हैं आप, पर कुछ हुआ नहीं।'' यह कहकर दीनानाथ चुप हो गए।

''आप बुरा न मानें तो आपसे मैं पूरी बात जानना चाहूँगा।'' सहयात्री बोला।

दीनानाथ को लगा कि वर्षों बाद कोई तो मिला, जो अनजाने इलाकों की भूली-बिसरी वेदनाओं को जानना चाहता है। थोड़ा-बहुत ही सही।

फिर दीनानाथ ने बताना शुरू किया—

''बुंदेलखंड में पाठा क्षेत्र कई मर्तबा ख़बरों में आया है। किसी से छुपा नही है। फिर भी विकास उस क्षेत्र से विलुप्त है। पानी नहीं, खेती नहीं। बँधुआ मज़दूरी क़ानूनन बंद होकर भी प्रचलित है। पेट के आगे सब मजबूर हैं। तेंदू पत्ता और आदिवासी जनजातियों का दोहन अभी भी हो रहा है।''

''पर अब तो काफी सुधार होने की बात सुनते हैं।''

''जी, विकास है, पर कुछ ही इलाकों में। आदिवासी महिलाओं के साथ दुष्कर्म की घटनाएँ, शोषण आदि के मामले हमारी संस्था के

सामने आते हैं। पर जाँच और प्रक्रिया के चक्रव्यूह में सारी शिकायतें ध्वस्त हो जाती हैं।''

''सो तो है। न्याय व्यवस्था भी वकीलों पर आधारित है। प्रशासन भी पहुँच वालों की ही सुनता है। इतनी परते हैं कि हर स्तर पर परीक्षण होते-होते विषयवस्तु के आयाम ही बदल जाते हैं। जी, मैं तो ख़ुद भुक्तभोगी हूँ।''

दीनानाथ ने सहयात्रियों की परस्पर टिप्पणियों को हाशिए पर रखते हुए अपनी बात आगे बढ़ाई—

''कुछ साल पहले ही का घटनाक्रम है। डकैतों के एक गिरोह ने आदिवासी औरतों के साथ ज़ोर-ज़बरदस्ती की। मामला उछला। फिर सामने यह आया कि वह गिरोह किसी की शरण में काम कर रहा था। डकैतों के साथ-साथ कुछ और लोग भी गिरोह में थे। कुछ राजनैतिक, कुछ सुरक्षा कर्मी।''

''मेरे को तो पहले से ही लग रहा था कि सत्ता में चूर लोलुप मानसों का ही यह काम होगा।'' एक श्रोता ने तंज कसा।

''अरे भाई, पूरा तो सुनो। आप बताएँ आगे क्या हुआ?'' दूसरे ने टोका।

दीनानाथ ने बोलना शुरू किया, ''यह बात तो तब सामने आई, जब अख़बार की ख़बरों पर महिला आयोग और एस.सी.एस.टी. आयोग दोनों ही आ धमके। फिर सब गुपचुप सूचनाएँ पहुँचने लगीं। तब मालूम पड़ा कि इलाके के जनप्रतिनिधि एवं पुलिस कर्मी भी गैंगवार का सहारा लेकर अपना उल्लू सीधा करते रहे हैं।''

''सुनते तो हम भी हैं। तेंदू पत्ता व वन-संपदा के अवैध कारोबार में डकैतों के दलों की आड़ में बहुत कुछ होता है। शायद ठेकों में भी कट होता है।'' एक अन्य सहयात्री से टिप्पणी आई।

"जान तो सभी रहे होंगे। नाम शायद न लें। पर इन इलाकों का विकास न होने के कारण कई हैं। इसमें इस तरह की…"

"अजी, छोड़िए। सभी स्तर पर तरह-तरह का भ्रष्टाचार है। पर उसके आगे क्या हुआ?" दीनानाथ की तरफ देखकर पूर्ण कौतूहलता से उन सज्जन ने पूछा।

"विधानसभा में गूँज उठी। आयोग के समक्ष साक्ष्य हुआ। पर कुछ प्रमाणित नहीं हो पाया। सरकारी खजाने से कुछ मुआवज़ा दिया गया। फिर बात आई-गई हो गई," दीनानाथ ने साँस छोड़ते हुए कहा।

"हाँ, पर एक और ख़बर भी हाल में छपी थी। यह भी किसी प्रभावशाली व्यक्ति के घर महिला सेविका से हुई ऊँच-नीच का मामला था। उसमें पहले तो पुलिस ने दबाव में कुछ एक्शन नहीं लिया। फिर राजधानी से क्लियेरेंस आई तो रातोरात गिरफ्तारी हुई।" सहयात्री बोले।

"कुछ भी कहो, व्यवस्था तो बदलनी है। पुलिस जैसी संस्था को स्वायत्त एवं व्यावसायिक बनाना होगा, नहीं तो कुछ भी अंकुश नहीं?" दीनानाथ बोले।

"अब तो सब मनमानी होने लग गई। हमारे यहाँ तो कहावत ही बदल दी। लाठी नहीं चला सकते तो भैंस क्यों रखे हो।" पूर्व वक़्ता ने आगे कहा।

पूरे कंपार्टमेंट में ठहाके की गूँज ने आस-पास वालों का भी ध्यान आकर्षित किया।

बगल के कंपार्टमेंट में मनोरमा जी यात्रा कर रही थीं। वे भी नारी उत्पीड़न की दिशा में काम कर रही थीं। काफी जुझारू थीं। पर व्यवस्था से लड़ते-लड़ते वे भी हताश होने लगी थीं। ठहाके सुनकर उन्हें अच्छा नहीं लगा। ज़ोर-ज़ोर से चिल्लाकर कहने का मन हुआ

कि नारी पीड़ा पर चर्चा करते-करते आपके मनोभाव ठहाके में कैसे बदल सकते हैं। कहाँ गई सभ्य समाज की संजीदगी। पर बोल नहीं पाई। फिर अपनी सहयोगिनी से बोली, ''केतकी, तुम्हारी बोतल में पानी हो तो एक घूँट पिलाओ।''

केतकी मनोरमा की वेदना समझ चुकी थी।

धीरे से बोली, ''जी।''

केतकी की भी अपनी ही व्यथापूर्ण जिंदगी रही है। उसके पिता तो अपनी ज़मीन के कब्ज़े का मुकद्मा लड़ते-लड़ते अपना मानसिक संतुलन खो बैठे थे। बहुत साल पहले कुछ उधार लिया था। ब्याज बढ़ते-बढ़ते इतना हो गया कि महाजन ने ज़मीन ही हड़प ली। तब केतकी को देखकर महाजन ने ज़मीन के बदले उसका सौदा करने की पेशकश की थी। गाँव की पुरानी कहावत, 'गरीब की लड़की सबकी...'। पर केतकी के पिता गरीब होते हुए भी स्वाभिमानी थे। ज़मीन का मुकद्मा लड़ना मंजूर किया। केतकी अपने पिता के असहाय होने के बाद कब तक अकेले ही जूझती। महाजन को तो पिता ने रोक लिया, पर जब गैंग के गैंग इलाके में सक्रिय हो गए तो एक दफ़ा वह भी दहशत का शिकार हो गई। उसी प्रकरण में जब महिला संगठनों ने आवाज़ उठाई तो वह मनोरमा जी के संपर्क में आई। शनैः-शनैः वह मनोरमा जी की सहकर्मी और फिर संगिनी बन गई।

केतकी ने धीरे से बोतल मनोरमा जी की ओर बढ़ा दी। केतकी मनोरमा जी की बहुत इज्जत करने लगी थी। अपने जैसी महिलाओं की आप बीती पर आधारित नुक्कड़ नाटक में केतकी ने भी सक्रिय रूप से बढ़-चढ़कर हिस्सा लिया था। बगल के कंपार्टमेंट में से उभरे बेतुके अट्टहास को सुनकर केतकी को भी झल्लाहट हुई।

उसका भी मन किया कि वह चिल्ला-चिल्ला कर अपने नुक्कड़ नाटक की पंक्तियाँ दोहराए—

"जवाब दो, जवाब दो,
क्या हटा पाओगे तुम
हाँ तुम!
बाधाएँ, हाँ बाधाएँ सब
मेरे पथ की;
कर पाओगे दूर डर मेरा—
हर नुक्कड़ पर, गली में, घर में,
जहाँ मैं लुटती हूँ, पिटती हूँ, सिसकती हूँ
जवाब दो, जवाब दो, जवाब दो॥

□

आठ

पास ही में बैठे सहयात्री, जो पहले से ही सदमे में थे, थोड़े से सहज हुए। मन-ही-मन सोचा, 'बोया पेड़ बबूल का तो आम कहाँ ते होय'। बात छोटी सी है। पर उल्लेख करो तो बहुत बड़ी। कोई पेड़ मीठे और रसीले फलों से लबालब भरा हो तो पेड़, ज़मीन या माली की उतनी बड़ाई नहीं होती। पारखी यही पूछता है, ''बीज कौन सा था।'' सफलता भी जीवन में कुछ-कुछ ऐसी ही होती है। सफलता से केवल यही भान होता है कि मूल 'बीज' में कितना दम था।

रेवती पेंट्री कार की तरफ लौट रहा था कि अचानक उसकी नज़र कोच नंबर 6 में एक शख़्स पर पड़ी और वह क्षण भर के लिए ठिठका। उसे लगा, वह उसे अच्छे से जानता है। लंबा, इकहरा बदन, दाढ़ी बढ़ी हुई। वह उसके पास आया और सलाम किया। शायद भाँपने की कोशिश कर रहा था कि उसे कहाँ देखा। अचानक बुदबुदाया— 'उपदेश'। अपना नाम सुनकर वह अजनबी थोड़ा चौंका। फिर सँभला और बोला, ''मुझे कुछ नहीं चाहिए।''

"भइया, तुमने पहचाना नहीं," रेवती बोला, "ध्यान है, तीन साल पहले जब तुम्हें पुलिस बंदी बनाकर ले जा रही थी। तुम पर किसी की 'पकड़' करने का आरोप था। तुमने दो दिन से कुछ खाया नहीं था। मैं रेवती। पेंट्री कार से तुम्हारे लिए खाना लाया था। दरोगा जी ने बड़ी मिन्नतों के बाद तुम्हारे हाथ खोले थे।" रेवती बोला।

"हूँ, तुम अभी भी पेंट्री में काम कर रहे हो?" उपदेश ने पूछा।

"और क्या भइया। हमारी तो यही नौकरिया है। जेल से कब छूटे?" रेवती बोला।

आस-पास के लोग 'पुलिस' और 'पकड़' शब्दों को सुनकर पहले ही आशंकित थे, जेल से छूटने के नाम से और भी सिकुड़ गए। किसी अनजाने भय ने सबको थोड़ा सा दहला दिया।

"पेरोल पर हूँ, घर में समस्या है।" उपदेश बोला।

"पर भइया, आप तो कह रहे थे कि आप अप्रूवर हो गए है। पुलिस मदद कर रही है। छूट जाओगे। असली प्लान तो कुँवर जी का था।"

"ये साले नेता किसी के नहीं होते। मुझसे इतनी बड़ी किडनेपिंग करवा ली और जब पकड़े गए तो दूध में से मक्खी की तरह निकालकर फेंक दिया।" उपदेश बोला। और फिर एक लंबी साँस लेकर कहा, "मेरा हिस्सा भी मार लिया।"

"भइया, मैं आता हूँ, और भी काम है, तुम्हारी कहानी फिर विस्तार से सुनूँगा।" यह कह रेवती किसी तरह बचकर निकल गया। बेचारा क्या करे। ट्रेन में राजा-रंक, चोर-साहूकार, अमीर-गरीब सबसे पाला पड़ता है। कितनी चीजें आँखें देखती हैं। कितनी बातें कानों से स्वतः ज़हन तक पहुँच जाती हैं। दिमाग कुछ भूलता नहीं है। उपदेश को देखकर उसे शनैः-शनैः सब याद आने लगा। हाँ, गौतम नाम था दरोगा जी का। पूरी कहानी उन्हीं से सुनी थी। मनोज को किसी 'जिम' से उठाया गया था।

बता रहे थे किडनेपिंग कितनी संगठित रूप से की जाती है। ''रैकी'' करनेवाला ग्रुप अलग था। मनोज कब कहाँ जाता है, कितनी रकम उसके घर से मिल सकती है, ये सब बातें एक गिरोह खोजकर लाता है। अपना 'कट' लेता है और चला जाता है। फिर असली शारीरिक पकड़ कोई और गैंग करता है और नियत जगह पर अन्य गिरोह को सुपुर्द कर देता है। फिर 'पकड़' की देख-रेख कोई और करता है। कितना 'स्पेशलाइजेशन' है। किसी को एक-दूसरे के बारे में पता नहीं। बहुत दूर कोई कंट्रोलर रहता है, जो किसी अन्य के माध्यम से 'डील' करता है। पुलिस एक सूत्र तक पहुँच जाए तो दूसरी कड़ी जोड़ने में दम निकल जाता है। उसे याद है, गौतम ने उपदेश को कितनी गालियाँ दी थीं।

लगभग 40 पुलिसकर्मी 15-20 दिनों तक जगह-जगह छानबीन व पूछताछ करते रहे। जब उपदेश तक पहुँचे तो कुछ 'क्लू' लगा। बहुत बदमाश है। तीन दिन बाद जाकर टूटा, गौतम ने कहा था। उपदेश तब भी खुलकर बोला था, ''एक सिम बदलने में चूक हो गई, नहीं तो हाथ नहीं आते। ख़ैर, जो तुम्हारे वश में है, वो तुम करो। हम तो अब कोर्ट में देखेंगे।''

रेवती को लगा कि उपदेश कितना अभ्यस्त है। अपराध, पुलिस, कोर्ट कचहरी ये सब उसके लिए 'रूटीन' की बातें हैं। उसे गौतम की बातों से यह भी आभास हुआ कि पुलिस भी कितनी मजबूर हो जाती है। उपदेश के बयान के आधार पर पुलिस कप्तान ने 'कुँवर जी' के घर दबिश मारी। कुँवर जी जन-प्रतिनिधि थे। तुरंत पार्टी बदलकर सत्ता पक्ष में आ गए। जिस तरह से अल्पमत सरकारें आ रही थी, एक-एक नुमाइंदा महत्त्वपूर्ण था। पुलिस कप्तान की राजधानी में पेशी हुई थी। पूछा गया, क्या आपके पास सबूत पर्याप्त हैं ?

कप्तान घाट-घाट का पानी पी चुके थे। कोर्ट से चुपचाप वारंट भी निकलवा रखा था। पर अपने पत्ते खोले नहीं। जब महकमे के मुखिया

राजनैतिक दबाव में हद पार कर गए और उल्टा यहाँ तक कह डाला कि 'आप अपनी मर्यादा के बाहर काम कर रहे हैं,' तो पुलिस कप्तान ने सबके सामने तत्पश्चात बोला था, "हो सकता है, आपकी मेरे बारे में धारणा सही हो, पर कोर्ट ने भी सबूतों को पर्याप्त पाकर वारंट जारी किया है।"

हाकिम को यह अंदाज़ा न था। बोले, 'दिखाइए'। वारंट देखा। ऊपर-नीचे टटोला। फिर गुर्राए, "तो पहले क्यों नहीं बताया।" कप्तान ने तब कहा था, "आपके इतने कानूनी सलाहकार अभी तक मेरी केस डायरियों का मंथन कर रहे थे। मैं क्या करता। आपने मुझसे तो पूछा ही नहीं। आपके निमित्त काम कर रहा हूँ। आप ही को अपनी टीम पर विश्वास नहीं।"

इतना आजकल कौन सुनता है। हाकिम बोले, "वारंट छोड़ जाइए। यह केस अब सी.आई.डी. देखेगी।"

कप्तान को मालूम था। सी.आई.डी. का मतलब आरोपी को फायदा। तफ़्तीश में विलंब और हीला-हवाली। थोड़े दिन में लोग वैसे ही भूल जाएँगे। जन-स्मृति लघु अवधि की ही होती है। कप्तान ने जाते-जाते यह कमेंट किया था—"सर आपको चाहिए तो इसकी फोटोकॉपी भी मेरी गाड़ी में है।" हाकिम खिसिया से गए थे। बोले, "आप जाएँ। हमें जरूरत होगी तो करवा लेंगे।"

दो ही दिन बाद कप्तान का ट्रांसफ़र हो गया। कुँवर जी मंत्री जो हो गए थे।

गौतम इस सबका गवाह था। रेवती को स्मरण था कि गौतम ने अपने कप्तान की कितनी तारीफ की थी—"बहुत दिन बाद कोई जानदार एस.एस.पी. आया था, नहीं तो कई कप्तान बिना रीढ़ के होते हैं या फिर पेट और पेट के नीचे से कमज़ोर।"

यह सब सोचता हुआ रेवती पेंट्री तक पहुचा। उसका ध्यान टूटा।

रोचक घटना घटी। सो रेवती को याद रही। कितनी सच, कितनी गलत, पता नहीं। पर गौतम के भावों से लगा था कि पुलिस का पक्ष काफी हद तक सही था। रेवती अब जल्दी-जल्दी अपना काम करने लगा। उसे जिज्ञासा थी कि वापस जाकर उपदेश से पूछे कि उसके मामले में क्या-क्या हुआ।

''रेवती, बहुत देर से गायब हो, काम पर ध्यान दो।'' सुपरवाइज़र बोला।

''ठीक है साब, मुझे बंटे सभी डिब्बों में काम ठीक-ठीक पूरा कर आया हूँ। बस एक डिब्बा बचा है।'' रेवती बोला।

''ला भाई 15 'नॉनवेज' और 23 'वेज' थालियाँ लगा दो।'' रेवती ने पेंट्री कार्मिकों को कहा।

खाना लेकर रेवती अपनी आखिरी फेरी पर था। उसके मन में अभी भी यह जिज्ञासा थी कि उपदेश से बात करे। उससे सारी बातें पूछे। 'खेला' क्या है, समझे। उत्तर प्रदेश में कौन कब कहाँ पहुँच जाए, कुछ पता नहीं, ऐसा सुना था। पिछली मर्तबा कुछ-कुछ भान भी हो चला था। उसे याद आया कि उपदेश ने यह भी कहा था कि वह चुनाव भी लड़ चुका है। ट्रेन में लोगों के चिंतन सुनता-सुनता रेवती भी बहुत परिपक्व हो चला था। वर्तमान व्यवस्था में आपराधिक प्रवृत्ति के लोग भी चयनित हो जाते हैं। इस पर बहुत बहस भी छिड़ती है। सुझाव भी आते हैं। पर कुछ ठोस हल अभी भी नहीं निकल पाया।

रेवती अपने अतीत की यात्रा के मध्य परची में सीट नंबर देखकर खाना भी देता जा रहा था। असमंजस में था। उपदेश से मिले कि नहीं, बीच-बीच में यह भी ख़्याल आता, ''उसे क्या मतलब''। फिर मन करता कि पूछे। सोचते-सोचते उसके कदम उपदेश के कंपार्टमेंट तक पहुँच

ही गए और तभी उसने उपदेश को कहते सुना, ''आओ रेवती, बैठो।'' उपदेश को भी रेवती का पूर्ण स्मरण हो चला था। पुरानी मुलाकात याद आने पर उपदेश को लगा कि शायद वह अपने मन का गुबार निकाल ले। कह दे रेवती को जो कुछ उसके अंदर घुट रहा है। पहले बदमाशी में भी ईमानदारी होती थी। अब बदमाशी में भी बदमाशी का घुन लग गया है। कुँवर जी ने उसका इस्तेमाल किया। पकड़ की रकम भी हज़म कर गए। और पुलिस तफ़्तीश में उसी को सरगना करार दिलवा दिया। ख़ुद सत्ता में आ गए। अपराधी, पुलिस व राजनीतिज्ञ के वीभत्स रूपों का वह ख़ुद एक हिस्सा बन चुका था। आख़िरकार भावावेश उमड़ ही गया। धीरे-धीर सबकुछ रेवती को बताता रहा। कभी-कभी आँखें भी छलक जाती थीं।

रेवती बोला, ''भइया, ये काम छोड़ काहे नहीं देते। कहते हैं, प्रकृति का नियम किसी को नहीं बख़्शता। जो बोओगे वही काटोगे।''

''हूँ, माँ तो मेरी भी यही कहती थी। बहुत समझाया था उसने। पर गलत संगत और लालसा के चलते···,'' शायद उपदेश इसके आगे बोल नहीं पा रहा था।

पास ही में बैठे सहयात्री, जो पहले से ही सदमे में थे, थोड़े से सहज हुए। मन-ही-मन सोचा, 'बोए पेड़ बबूल का तो आम कहाँ ते होय'। बात छोटी सी है। पर उल्लेख करो तो बहुत बड़ी। कोई पेड़ मीठे और रसीले फलों से लबालब भरा हो तो पेड़, ज़मीन या माली की उतनी बड़ाई नहीं होती। पारखी यही पूछता है, ''बीज कौन सा था''। सफलता भी जीवन में कुछ-कुछ ऐसी ही होती है। सफलता से केवल यही भान होता है कि मूल 'बीज' में कितना दम था। सहयात्री यह सबकुछ सोच रहा था। कुछ बोला नहीं। फिर भी उसका हाथ उठा और उसने उपदेश के कंधे पर सांत्वना स्वरूप थपकी दी, ''भइया, जब जागो तभी सवेरा। भगवान आपकी मदद करेगा।''

अचानक ट्रेन चरमराकर रुक गई। रेवती दरवाजे तक गया। झाँककर देखा और आकर बताया, ''शायद लाइन क्लीयर नहीं है।''

''हूँ। अब तो रुकते-रुकते जाएगी। इस समय कुछ महत्त्वपूर्ण ट्रेनों की क्रॉसिंग होती है।'' एक अन्य यात्री बोले।

''जी, मैं देखता हूँ। वाराणसी तो ट्रेन फिर भी पहुँचेगी। अभी तो जौनपुर भी नहीं आया।''

यह कहकर रेवती तो चला गया। उपदेश ने भी थोड़ी जगह पाकर अपनी टाँगें लंबी कर लीं। थक गया था। फिर आँख मूँदकर निढाल हो गया। शायद उसके अंदर के उद्वेलन से वह जूझने की भरपूर कोशिश कर रहा था—

मैं क्या था, क्या बन गया हूँ?
क्या ज़रूरी था यह सबकुछ?
क्षणिक भोगों और सत्ता की ललक,
धनाढ्य बनने की त्वरित चाह!
फिर यथार्थ से भागता वर्तमान,
और भयाक्रांत भविष्य?
और अब 'इस्तेमाल' कर लिये जाने की पीड़ा;
अंदर-ही-अंदर गलता अस्तित्व!!

□

नौ

"यही कि बच्चों का पेट पालना है। कोई रोज़गार नहीं। नौकरी भी नहीं। ख़ुशी-ख़ुशी कौन अपने को नुचवाएगा। पर फर्क क्या है। उसका मर्द भी उसके साथ वही करता है, जो ट्रकवाला करता है। पर ट्रकवाला दो सौ रुपए दे जाता है, जिससे उसका चूल्हा जलता है।"

ट्रेन अपनी रफ्तार से आगे बढ़ती गई। जो किसी तरह जीवन यापन करते हैं, वे अक्सर कहते सुने गए हैं, "चलती का नाम गाड़ी।" विशुद्ध रूप से वर्तमान में ही रहते हैं। कल की चिंता नहीं, क्योंकि चिंता करके भी कुछ हाथ नहीं लगना। अब जो दृश्य है, वह जनरल कंपार्टमेंट का है। यहाँ रामबाबू अपनी आप बीती बयान कर रहे थे।

"मेरे भाई का पता नहीं चला। लगता है, पुलिस ने ठिकाने लगा दिया।"

"हूँ," उसका दोस्त मंगलू केवल इतना कहकर चुप हो गया।

"मंत्री जी के पास भी गए थे। धरना-प्रदर्शन भी किया। मंत्री जी ने पुलिस कप्तान को भी तलब किया था।" राम बाबू बोले।

"तो फिर कोई हल निकला कि नहीं?" मंगलू ने पूछा।

"कप्तान तो बड़े सयाने होकर बोले कि उन्होंने गुमशुदगी की एफ.आई.आर. दर्ज़ कर ली है, तलाश जारी है।"

"यह तो कोई बात नहीं हुई?"

"हाँ, फिर मंत्री जी ने ज़ोर दिया तो बोले, "देखिए सर, उसकी तो लंबी-चौड़ी हिस्टरी शीट है। रंगबाजी, हफ्तावसूली, मारपीट, बलात्कार तक के मामले उसके ख़िलाफ दर्ज़ हैं। हो सकता है, किसी गैंगवार में अगुआ हुआ हो। हम लोग उस नज़रिए से भी पतारसी व सुरागसी कर रहे हैं। इस पर मंत्री जी तनिक खफा हुए थे। बोले, "छोटी जात वालों को ही मुजरिम बना-बनाकर अपराध सूची में उनके नाम नाहक़ दर्ज़ किए गए हैं। हमें ऊँची जाति का कोई नाम दिखा दो?"

"फिर क्या हुआ?" मंगलू ने कौतूहल वश पूछा।

"भइया, कप्तान पहले तो थोड़ा गुस्साए। फिर नियंत्रण करके बोले, 'हो सकता है कभी ऐसा हुआ हो। पर निरंतर रूप से पुलिस रिकॉर्ड्स झूठे तैयार किए गए हों, ऐसा नहीं हो सकता। और सर, ये तो सब को विदित है कि मदन किस स्तर का अपराधी था।' इस पर मंत्री जी ने कहा कि पुलिस मदन को घर से ले गई थी। मोटरसाइकिल पर सुबह-सुबह सादे में कई पुलिस वाले आए थे और शौचालय से धर दबोच कर ले गए।"

"हूँ। पर तुम्हारे मदन भइया ने भी हद कर दी थी। क्या जरूरत थी उस लड़की को उठाने की। फिर उसके साथ ज़ोर-ज़बरदस्ती और फिर उसे तेल डालकर जिंदा जला डाला।"

"ये सब झूठ है। मदन भाई रंगदारी जरूर करते थे, पर ये बुरा काम उन्होंने नहीं किया।" रामबाबू बोला।

"लोग कहते तो यही हैं। पुलिस भी तह तक पहुँच ही गई है।" मंगलू बोला।

"तुम्हारा भी दिमाग खराब कर दिया लोगों ने।" रामबाबू अब आपा खोने लगा था।

"ओय, ठंड रख। तुम्हारे चिल्लाने से कुछ नहीं होगा।" मंगलू ने कहा।

"मैंने आयोग का दरवाजा खटखटाया है। एक न्यायाधीश इसकी जाँच करेंगे। मंत्री जी सी.आई.डी. जाँच भी करवाएँगे। कुछ तो दाल में काला है। मान लिया, मदन भाई अपराधी थे, तो क्या पुलिस ही अब सारा न्याय करेगी? ख़ुद हफ्ता वसूली करते हैं···सा···ले।"

"भाई, अफ़वाह तो ये ही है। काश, ऐसा न हो। मदन भाई का काम तमाम करके अब तो उसकी लाश गंगा के हवाले कर दी है।"

इधर ये दोनों बातचीत में मशग़ूल थे, उधर आस-पास बैठे लोगों पर अलग-अलग प्रतिक्रिया हो रही थी। कुछ आशंकित थे कि क्या बात कर रहे हैं। कुछ उत्सुक थे आगे की कहानी और जानने को। कुछ पूर्णतया उदासीन थे। ये तो रोज का रोना है। कुछ इलाकों में, कुछ तबकों में इस तरह की घटनाएँ तो अब आम हो गई हैं।

"और यदि हम गंगा में जाल डलवाएँ तो हो सकता है लाश मिल जाए।" रामबाबू बुदबुदाते हुए बोला।

मंगलू हँसा। उसे लगा कि रामबाबू बेवकूफ़ी की बात कर रहा है। बोला, "कौन डालेगा? अबे हजारों लाशें निकलेंगी। कुछ तो लोग ऐसे ही मार के फेंक देते हैं। कुछ पुलिस बहा देती है। तफ़्तीश कौन करे और अधजली लाशें बहती हैं सो अलग।"

"मुझे बस एक बार वह दरोगा मिल जाए, जिसने ये किया है। बस फिर उसकी तो···," रामबाबू अपना नियंत्रण खोते दिखाई दिया।

हर प्राणी की अपनी-अपनी समस्या है। मंगलू और रामबाबू के दो कंपार्टमेंट आगे ही दो अधेड़ उम्र की महिलाएँ आपस में बतिया रही

थी। ''अरे, सुना तुमने कुसुमा को पुलिस पकड़कर ले गई थी। पर तुरंत ही छूट आई।'' एक ने कहा।

''कौशल्या तू भी तो···,'' दूसरी स्त्री ने कहा।

''लो, इसमें मेरा क्या। धंधा करे कुसुमा और मैं बोलूँ भी नहीं।'' कौशल्या ने उत्तर दिया।

''जानती हूँ, पर उसकी भी मजबूरी है। उसका मर्द कोई काम नहीं करता। दो बच्चे भी उसने पालने हैं। पेट भी तो खाना माँगता है। हम औरतों के पास और है भी क्या?''

''पर वो है धाकड़। कह रही थी कि दरोगा जी ने जब पूछा कि ये सब क्यों करती हो तो उसने सटीक जवाब दिया।''

''क्या?''

''यही कि बच्चों का पेट पालना है। कोई रोज़गार नहीं। नौकरी भी नहीं। ख़ुशी-ख़ुशी कौन अपने को नुचवाएगा। पर फर्क क्या है। उसका मर्द भी उसके साथ वही करता है जो ट्रकवाला करता है। पर ट्रकवाला दो सौ रुपए दे जाता है, जिससे उसका चूल्हा जलता है।''

''फिर?''

''फिर क्या, दरोगा जी संवेदनशील निकले। बोले कि तू जा। तू ख़ुद ही किस्मत की मारी है। पर कोई कामकाज ढूँढ़ ले। वो भी मदद करेंगे।''

''वाह जी! क्या भाई-वाई बना लिया क्या?'' चटकारे लेते हुए उस दूसरी स्त्री ने कौशल्या को देखा और दोनों फिर खीसें निपोर कर हँस दीं।

इतने में चाय बेचने वाला घुसा। 'चाय-चाय। केवल 5 रुपया, 5 रुपया।'

''क्या बे, सैकरीन और रंग घोलकर लाए हो या असली चाय है?'' किसी ने कहा।

एक बारगी सभी हँस दिए। फिर कुछ लोगों ने चाय ली। एक-दूसरे को देखकर चुस्कियाँ बढ़ती चली गईं।

गाड़ी की गति मंथर होने लगी। टिमटिमाती लाइटें भी खिड़की के बाहर नज़र आने लगीं।

किसी ने कहा, ''लगता है जौनपुर आने वाला है।''

''हूँ, जौनपुर ही आएगा।''

इसी बीच कुछ लोग उठकर दरवाजे के पास गैलरी में निकल आए। एक यात्री ने बीड़ी निकाली। इधर-उधर देखा। लोगों को भाँपा। और फिर ठीक 'धूम्रपान निषेध' बोर्ड के सामने खड़े होकर अपनी बीड़ी सुलगा ली। कोई आपत्ति नहीं। कोई शिकायत नहीं। नियमों की अवहेलना कोई माने नहीं रखती। लोगों ने एक-दूसरे से कहना, उन्हें टोकना भी बंद कर दिया। कोई पुलिस या रेलकर्मी आएगा तो शायद कुछ कहेगा।

पीछे खड़ा एक जागरूक यात्री शिथिल खड़ा रहा। पर उसके दिमाग में विचार कौंधने बंद नहीं हुए:

''वो जानता सब कुछ है,
पर चूं भी नहीं करेगा;
उसके सिर में ज़ख्म गहरा है,
पर उफ् भी नहीं करेगा;
तुम शायद उसे न्याय न दे पाओ,
इसलिये शिकायत भी नहीं करेगा।''

□

दस

"ये भी खूब है। जनांदोलन का भी अजीब रूप है। मीडिया भी पूरी ट्रायल कर देता है। फिर किस प्रकार स्वरूप बदल जाते हैं।" यज्ञदत्त ने आश्चर्य व्यक्त किया।

अब जौनपुर आने को था। जौनपुर का नाम सुनकर एक साहब ने ज़ोर से पूछा, "ये वही जिला है, जहाँ मछलीशहर नाम का कस्बा भी है।" किसी ने जवाब दिया, "जी, आप सही समझे।" पर फिर कौतूहलवश उनसे चुप नहीं रहा गया। पूछ ही लिया, "आपका मछलीशहर से कोई गहरा ताल्लुक़ लगता है।"

"अजी नहीं। हमारे रिश्ते में भाई हैं। पुलिस में दरोगा रहे। यहाँ के अजीबो-गरीब केस में बेचारे फँस गए। कुछ दिन सस्पेंड भी रहे। पर कुछ भी कहो, किस्सा वाक़ई रोचक रहा।"

"आपकी बातों के लहजे से तो लगता है, काफी रोमांचकारी होगा।" और धीरे से हँस दिए।

"आपको रुचि हो तो सुना भी सकता हूँ।"

"अजी नेकी और पूछपूछ। हो ही जाए।"

"आप भी क्या पुलिस में… ?"

"नहीं, नहीं। मेरा नाम रामनरेश है। मैं तो कॉलेज में पढ़ाता हूँ। मेरा दूर का भाई अजय पुलिस में दरोगा रहा।"

हाथ बढ़ाते हुए सहयात्री बोला, "जी मेरा नाम यज्ञदत्त। वाराणसी का ही रहनेवाला हूँ।"

थ्री टियर ए.सी. के इस डिब्बे में साँझ होते-होते थोड़ी भीड़ भी बढ़ गई थी। शायद आस-पास के जिलों में काम करनेवाले लोग सायं होते ही वाराणसी अपने परिवार में लौटने को आतुर थे। जौनपुर से वाराणसी ज्यादा दूर भी नहीं रह गया है।

रामनरेश ने बोलना शुरू किया, "मछलीशहर कोतवाली में अक्सर भट्ठा मालिक कुंदन सिंह के ख़िलाफ शिकायत आती रहती थी कि बाहर से आए मज़दूरों को उसने बँधुआ बना रखा है। अक्सर धमकी भी देता रहता है। पैसे भी पूरे नहीं देता। उसी पृष्ठभूमि में यह ख़बर आई कि कुंदन सिंह ने एक मज़दूर 'मिठाईलाल' को भट्ठे में झोंक के मार डाला। अजय मौके पर गए। सभी मज़दूर आक्रोश में थे। रात ही मिठाईलाल की कुंदन से लड़ाई हुई थी। कुंदन ने धमकी भी दी थी। गुस्से में बोला भी था कि भट्ठे में यहीं गाड़ देंगे। पैसे के लेन-देन या बकाया मेहनताना का मामला था। सुबह मिठाईलाल गायब पाया गया। सभी भट्ठे के चारों ओर खड़े होकर ख़ुदाई की माँग कर रहे थे।"

"आज के समय में भी आप सोचते हैं, यह संभव है?" यज्ञदत्त ने टोका।

"अजी, आप पूरा सुनिए तो…और रामनरेश ने वाक़या आगे बढ़ाया," सबने पुलिस पर आरोप लगाए कि वह भट्ठा मालिक से मिल गई है। अख़बारबाजी भी हुई। भट्ठा खोदने में भी टाइम लगता। दो दिन में तो ठंडा ही होता। मामला तूल पकड़ता गया। प्रेस व पब्लिक

के दबाव में भट्ठा खोदा गया। एक गठरीनुमा पुलिंदा मिला। उसी को मिठाईलाल के शव की संज्ञा दे आनन-फानन में रसायनिक प्रयोगशाला भेज दिया गया। पुलिस ने जनाक्रोश और मीडिया द्वारा की गई फज़ीहत से बचने के इरादे से कुंदन को मर्डर केस में बंद कर जेल भेज दिया। सो कुंदन महोदय अंदर हो गए।''

रामनरेश ने दो मिनट के लिए लंबी साँस लेने के लिए अपने कथावाचन कार्य को विश्राम दिया। पानी के दो घूँट भी पिए। कहानी शायद रोचक हो चली थी। सभी रामनरेश से आगे की दास्तान सुनने का इंतजार करते रहे। कंपार्टमेंट में दो मिनट चुप्पी बनी रहना भी कोई मामूली श्रेय नहीं था।

''तो फिर आगे सुनिए। 6 महीने बाद भट्ठे से एक आदमी कलकत्ता किसी काम से गया। वहाँ उसने पान की दुकान पर अचानक मिठाईलाल को देखा और चिल्लाया 'मिठाईलाल'। मिठाईलाल अपना नाम सुनकर सकपकाया। यह सोचकर भागने लगा कि भट्ठे मालिक ने उसे ढूँढ़ने कलकत्ता तो किसी को नहीं भेज दिया। ख़ैर, मिठाईलाल को आगंतुक ने दौड़कर पकड़ ही लिया। मिठाईलाल को बताया कि उसके मर्डर में कुंदन 6 महीने से जेल में है। उसका अपना परिवार भी उसकी उम्मीद छोड़ चला है। बहुत मनुहार करके उसे वापस मछलीशहर लाया गया। लोगों को उसे जिंदा देखकर विश्वास नहीं हुआ। उसकी ख़ुद की बीवी भी उसे जिंदा मानने को तैयार न थी। उसने भी अपने गुजारे के लिए किसी और से संबंध बना लिये थे।''

''आप क्या वाक़ई हक़ीक़त बता रहे हैं?'' यज्ञदत्त को विश्वास नहीं हुआ और पूछ बैठा।

''हाँ, हाँ! अब देखो मीडिया और पब्लिक का तमाशा। जो पहले पुलिस और भट्ठे मालिक की मिलीभगत का आलाप कर जनाक्रोश

उत्पन्न कर रहे थे, वही अब पुलिस की लचर तफ़्तीश की आलोचना करने लगे। पुलिस ने मिठाईलाल का बयान लिया तो उसने बताया कि वह कुंदन की धमकी से डर गया था कि वह वाक़ई उसे भट्ठे में न डाल दे, सो भागकर हाइवे पर चला गया। एक ट्रक कलकत्ता जा रहा था, उसमें चढ़ गया। कलकत्ता में कपड़ा मिल में काम करने लगा। घर पर भी ख़बर नहीं की। ख़ैर, कुंदन रिहा हुआ। अब नेतागिरी होने लगी। विपक्षी दलों ने सत्तापक्ष पर आरोप लगाए। राजधानी में भी हलचल हुई। अपनी साख बचाने को मामला सी.आई.डी. के सुपुर्द हुआ। वक़्त ने अच्छी ख़ासी पलटी मारी। अजय बाबू हो गए मुअत्तल।'' रामनरेश ने साँस भरी।

''ये भी खूब है। जनांदोलन का भी अजीब रूप है। मीडिया भी पूरी ट्रायल कर देता है। फिर किस प्रकार स्वरूप बदल जाते हैं।'' यज्ञदत्त ने आश्चर्य व्यक्त किया।

''सी.आई.डी. ने पाया कि बिना पूरे आधार के, लोगों के दबाव व मीडिया रिपोर्ट के चलते, लांछनों से बचने के लिए पुलिस ने एक्शन लिया। रसायनिक रिपोर्ट का इंतजार करते 3-4 महीने में रिपोर्ट आ गई थी। कुछ भी नहीं निकला था। पुलिस तफ़्तीश केवल बयानों व परिस्थितिजन्य साक्ष्य पर आधारित थी।''

''अजी, पुलिस का काम कोई सीधा है। पर उनकी अपनी छवि भी इतनी खराब है कि उनकी बातों पर कोई यकीन नहीं करता।'' बहुत देर से कथानक का जायज़ा ले रहे एक अन्य सहयात्री ने चुप्पी तोड़ी।

''पुलिस व्यवस्था का सुधार कब होगा, पता नहीं।''

''अजी वो कौन बाहर से आते हैं। हमी लोगों में से हैं।''

''हाँ, हाँ। सभी को सुधरना है।''

तभी एक साहब ने अपनी तुक बंदी सुना डाली—

''घर तो कब का ढह गया,
बाकी तो केवल आस है;
हमें अपने वज़ूद की
करनी फिर से तलाश है।''

फिर ज़ोरदार ठहाकों से कथा की इतिश्री हुई। जौनपुर जो आ गया था।

□

ग्यारह

"अरे भाई! व्यवस्था का प्रश्न है। न तो कोई सुप्रीम कोर्ट की सुन रहा है। न राज्य सरकारें पुलिस सुधार की बात करती हैं। सभी अपने हितों के साधक हैं।" अतुल ने तुषार को बोलते हुए रोका।

अब अगला व आखिरी स्टेशन वाराणसी ही था। विश्वविख्यात धार्मिक नगरी। काशी के घाटों से जुड़ी निर्वाण की कई गाथाएँ और आस्था। इसी के साथ विभिन्न संस्कृतियों के मिश्रण उपरांत उभरी जीवन-शैलियाँ। भवनों से लेकर गलियों तक। होटलों से लेकर चाट-पकौड़ी के खोमचों तक। बड़ी गाड़ियों से लेकर रिक्शों तक। वेशभूषा से लेकर साहित्य, कला, नृत्य के क्षेत्रों में उपजे विभिन्न स्वरूप। सभी क लब्बो-लुवाब ये कि बनारस में हर प्रकार के जीव के लिए कुछ-न-कुछ आकर्षण है। कई कथानक हैं।

जैसे-जैसे काशी नज़दीक आता जा रहा था, यात्रीगण उत्साहित थे। कुछ तो घर पहुँचने की लालसा में, कुछ अपने व्यवसाय के कुछ कामों को रात में ही निपटा लेने की ललक में। और जो पर्यटन के लिए जा रहे थे, वे कौतुहलवश चर्चा में लीन थे।

प्रयाग घाट

''शहर का नाम तो बड़ा सुना है। आज दर्शन भी हो जाएँगे। जय-जय शिव शंकर!'' एक यात्री ने कहा।

''सुना है, सुरक्षा बड़ी चाक-चौबंद रहती है काशी विश्वनाथ मंदिर में। दूसरे ने पूछा।

''हाँ, पर जो भी कहो, व्यवस्था ठीक है। समय लगता है, किंतु दर्शन हो जाते हैं। लोकल पुलिस के साथ केंद्रीय बल, सी.आर.पी.एफ. भी तैनात है। आधा मंदिर-आधी मस्जिद।''

''कुछ दिन पहले दशाश्वमेध घाट पर आरती के समय सायंकाल एक विस्फोट भी हुआ था। कुछ लोग मारे गए थे।''

''ये आपने अच्छा ज़िक्र किया। पिछले दिनों यू.पी. के कई शहर आतंकियों के निशाने पर थे। मेरे एक अच्छे दोस्त पुलिस में हैं। क्या बोलते हैं ए.टी.एस.। कभी-कभी बातचीत होती है तो ज़िक्र होता है।''

''तब तो आपको अंदरूनी हक़ीक़त काफी हद तक मालूम होगी?''

''इतना तो नहीं, फिर भी कुछ-कुछ। और आजकल तो मीडिया भी काफी कुछ खबरें निकाल लाता है। कहते हैं, आतंकियों से थोड़ी सी चूक हो गई थी, सो ब्लास्ट का प्रभाव इतना नहीं हुआ। हादसा बड़ा भी हो सकता था।''

''तो क्या प्रशासन को मालूम नहीं रहता या व्यवस्था नहीं करते?''

''नहीं, नहीं। एजेंसियों से सूचना तो आ जाती है। चाहे सटीक न हो। लेकिन जैसा राजेश बताते हैं, आपसी तारतम्य का बहुत अभाव है। सुरक्षा तकनीकियों एवं उपकरणों की व्यवस्था में भी प्रक्रियात्मक लोचे बहुत हैं। यों कहिए कि उदासीनता है।''

''पर आप देखो, दूसरे देशों ने तो सुरक्षा-व्यवस्था बहुत पुख़्ता कर ली है।''

"जी, एक हद तक तो सही है। पर वहाँ सभी लोग सुरक्षा को प्रथम मान्यता देते हैं, जो अपने यहाँ नहीं है।"

" वैसे उस केस में हुआ क्या था?"

"सूचना एक महीने पहले आई थी। कुछ दिन चौकसी रही, फिर सभी शिथिल हो गए। नित नए काम आते रहते हैं। प्राथमिकताएँ बदल जाती हैं। जैसा राजेश बताते हैं, सर्विलांस एवं छानबीन के कई उपकरणों के प्रस्ताव लंबी अवधि से पेंडिंग थे। वित्तीय स्वीकृतियों एवं प्रक्रियाओं के कारण सरकार में विलंब होना स्वाभाविक है। जब ब्लास्ट हुआ तो रातों रात फाइलें मँगाई गईं। कुछ धन आनन-फानन में रिलीज हुआ। फिर कुछ व्यवस्थाएँ लागू की गईं।"

"पर सुना है, अब कोई रोक-टोक नहीं है। अभी हमारे पड़ोसी प्रोफेसर अभिषेक घूमकर आए थे। बता रहे थे—उपकरण लगे हैं। पर स्टॉफ नहीं है। कई जगह तो बोर्ड लगे हैं, पर उपकरण गायब हैं।"

"बात गंभीर है। कार्य संस्कृति में परिवर्तन लाने की बात बरसों से हो रही है, कुछ होता-हुवाता है नहीं।"

आपस में बातचीत चल रही थी कि लोग-बाग सामान समेटने में लग गए। शायद स्टेशन आने को था। तभी एक ने कहा, "अजी अभी कहाँ, अभी तो देर लगेगी। गंगा नगरी में आगमन ऐसे ही तो नहीं हो जाएगा।"

गाड़ी वाराणसी अभी पहुँची नहीं है। गंतव्य के पास होकर भी दूर है। देश में पुलिस व्यवस्था की भी लगभग यही हालत है। अक्सर आउटर पर पहुँचकर चरमराकर रुक जाती है। सिग्नल नहीं मिलता।

और इधर गार्ड रूम के निकट कुछ टिकट एक्जामिनर और एक दो चिंतनशील प्राणी अपनी अटकलें लगा रहे थे। उनमें से एक सज्जन तुषार बाबू तो हाल ही में पुलिस की पटकी झेलकर आए थे। अपने मित्र अतुल को आप बीती सुना रहे थे।

"अरे भाई, व्यवस्था का प्रश्न है। न तो कोई सुप्रीम कोर्ट की सुन रहा है। न राज्य सरकारें पुलिस को स्वायत्त या व्यावसायिक बनाने की बात करती हैं। सभी अपने हितों के साधक हैं," अतुल ने तुषार को बोलते हुए रोका।

"यार, मैंने भी विदेशों की इतनी यात्रा की है। पुलिस सख़्त है। पर बोलचाल व्यवहार आदि में संजीदा हैं। तुरंत कार्यवाही भी करते हैं।" तुषार बोले।

"अमा छोड़ो भी। वही घिसा-पिटा मसौदा। पुलिस का इस्तेमाल ही दमन के लिए होता है। कोई सर्विस ओरिएंट्ड एप्रोच नहीं है। सिस्टम्स व प्रोसीजर कॉम्प्लीकेटड है। टेकनोलॉजिकल इंटीग्रेशन नहीं है। क़ाबिलियत के नाम पर देहात के 10-12 क्लास पास सिपाही और लीगल पावर दुनिया भर की…।" अतुल ने टालते हुए कहा।

"पर जो लोग सर्विस में सीनियर हैं, आई.पी.एस. से आते हैं, वो तो पढ़े-लिखे हैं। विभाग की दुर्दशा व कार्य संस्कृति वे क्यों नहीं बदल सकते। लंबी मोटी तनख्वाह किस बात की लेते हैं?" तुषार थोड़ा चिढ़कर बोले। शायद दुर्व्यवहार की चोट अभी अंदर दर्द कर रही थी।

"कुछ करते भी हैं। कुछ नहीं भी। अधिकांशतः अपने राजनैतिक आकाओं की देखा-देखी करते हैं। कुछ हमारी ब्यूरोक्रेसी भी जिम्मेदार है। न कोई विजन है, न कोई प्लॉन। स्वीकृतियों में ही गोल-गोल घुमा देते हैं। प्रोसीजर व आपत्तियों में माहिर। मेरे तो कई दोस्त परेशान हैं। प्रॉब्लम के सोल्यूशन पर किसी का ध्यान ही नहीं। प्रक्रियात्मक रोक-टोक में ही आपस में चिट्ठियाँ लिखकर समय व्यर्थ करते हैं।" अतुल ने कहा।

"हूँ। अभी 'लीडरशिप सम्मिट' में भी ये ही बात हुई थी। बड़ा हास्यास्पद लगता है। चतुर्वेदी जी बता रहे थे। क्या-क्या क्वेरी करते हैं—

"अभी तक कैसे काम चल रहा था?"

"इस प्रस्तावित प्रणाली का कोई समानांतर उदाहरण बताएँ..."

यानी कि अपने स्तर पर सोचने या निर्णय लेने की कोई पहल ही नहीं करता। हाल देखो, चतुर्वेदी तो इस लिये भी भन्नाया है कि उसके भाई की पेंशन इस वर्ष की जारी हो गई। पिछले साल वह अमेरिका अपने भाई से मिलने गया था। सोचा कि जिंदा रहने का इस साल का सर्टिफिकेट भेजूँगा तो दोनों वर्ष की पेंशन मिल जाएगी। पर वर्तमान वर्ष की जारी कर दी। और लिखा कि पिछले वर्ष आप जीवित थे, इसका सर्टिफिकेट भेजें तभी पेंशन जारी होगी। उसने तो अपना माथा पीट लिया। पर बाबू अड़ा रहा। हर वर्ष की अलग-अलग फाइल है। पिछले साल का सर्टिफिकेट अलग से चाहिए, तभी पेंशन रिलीज होगी।" तुषार बड़बड़ाता रहा।

"अरे ये तो छोड़ो। अभी तो लाइफ इतनी कॉम्पलेक्स हो गई है। साइबर एक्सपर्ट, फाइनेंशल एक्सपर्ट, मेडिकल एक्सपर्ट—इनकी तो पुलिस को अमूमन जरूरत पड़ने लगी है। जो भी अपराध होते हैं, वे इन्हीं प्लेटफॉर्म्स के आस-पास घूमते दिखाई देते हैं। वर्चुअल लाइफ स्टाइल ने टेकओवर जो कर लिया है। और हमारी पुलिस अभी भी दकियानूसी है। पता नहीं कब सुधार होगा?" अतुल तनिक हताशा में बोले।

"अब तो लगता है पुलिस में जगह-जगह 'वर्टिकल-इंडक्शन', कॉण्ट्रैक्चुअल बेसिस पर 3 से 5 साल के लिए हो जाने चाहिए, ताकि प्राइवेट सेक्टर से भी एक्सपर्ट पुलिस व्यवस्थाओं से जुड़ सकें और इन सेवाओं में भी बतौर 'एक्सपर्ट' डेवलप करें। गधे-घोड़े बराबर न समझें।" तुषार बुदबुदाए।

"ही-ही-ही। अब हो गए गुरु तुम भी शुरू। बोलने या भाषण देने में क्या जाता है। अभी तो ये सोचो कि चमड़े की बेल्ट पर पनपती 'उदर' व्यवस्था का क्या होगा। कहते हैं, टाइम नहीं मिलता। शिफ्ट सिस्टम नहीं है। पर खाने-पीने पर कंट्रोल कौन करे। फ्री का हो तो फिर रुकना क्यों?" अतुल ने चुटकी ली।

तभी गाड़ी धक्के से आगे बढ़ी। अब उम्मीद थी कि बनारस आ ही जाएगा। रात के दस बजने में ठीक सात मिनट शेष थे। गाड़ी लेट थी, पर पहुँच गई। देर आए, दुरुस्त आए।

ट्रेन अपने गंतव्य पर पहुँची। देर-सवेर पहुँच ही गई। कई लोगों के शिड्यूल बिगड़ गए। कुछ थकान महसूस करने लगे। प्लेटफार्म नं. 11 पर ट्रेन को लिया गया। बहुत घूमकर बाहर जाना था। कुलियों ने भी अपनी दरें बढ़ाकर बताईं। ख़ैर! घर तो जाना ही था। कौन-कौन यात्रीगण कब निकल गए, पता ही नहीं चला। घर जाने की जल्दी में किसी ने किसी से कोई बात नहीं की। अब तो दोबारा मिलेंगे भी कि नहीं, पक्का नहीं था। यात्रा ख़त्म तो सबकुछ ख़त्म। शायद कुछ ही जान-पहचान ऐसी रही होगी, जो आइंदा भी काम आए।

किंतु चिंतकों के लिए ये मात्रा एक अस्थायी पड़ाव है। यात्रा व यात्रियों का अंत नहीं। रेवती ने कई अनुभव निकट से किए हैं—

"सफ़र तो कहीं का भी हो सकता है—
लघु अथवा दीर्घ
उद्देश्यपूर्ण या निरुद्देश्य
सफल अथवा असफल
ऐसे भी, वैसे भी, कैसे भी॥

अविरल

रेल की तरह—
विचारों के भी रेले आते हैं,
दिशा व दशा दोनों का बोध कराते हैं,
पर सार्थकता की हर पहल पर
हम अभी भी 'आउटर' पर रुक जाते हैं॥

समय, स्थान व अवस्था के मध्य
परिवर्तनशील परिवेश के नए आयाम
नए पड़ावों की पहचान
नई दिशा, नए रुख़
और अविरल सफ़र की नई राहें॥"

□

पुनश्चः

यह कथानक दिल्ली से बनारस तक का एक सांकेतिक कथानक है। विषय बहुत हैं, अभाव व पीड़ाएँ भी कई हैं। सुरक्षा एवं सुचारु जन-व्यवस्था के अभाव में न कोई पर्यटक आने को उत्साहित है, न ही कोई उद्योगपति अपना कारोबार लगाने को तत्पर है। आर्थिक विकास भी बाधित है। सोचता हर कोई है, बोलता हर कोई है, पर व्यवस्था परिमार्जन पर सभी मौन हैं। व्यवस्था बदलेगी तो हवा का रुख़ बदलेगा। कार्य के सिद्धांत बदलेंगे। हित-अहित के प्रश्न उठेंगे। कौन बीड़ा उठाए। अपना देख लो, वही पर्याप्त है!

पर परिवर्तन तो होना है। पंक्ति में खड़े अंतिम व्यक्ति का क्या होगा? लोकतंत्र में वह भी साझेदार है। प्रश्न कई हैं, उत्तर विलुप्त हैं। विचारों का रेला आता है। रेलगाड़ी बनकर चलता है, पर ट्रेक सही हो तो ही बात बने।

□

हिंदी शब्दावली

अविरल	लगातार
अंततोगत्वा	आख़िरकार, अंत में
अचंभित	चकित
अनाप-शनाप	निरर्थक वचन, बे-सिर-पैर की बात
असामयिक	जो नियत समय के पूर्व या पश्चात् हो।
आलाप	बातचीत, संभाषण
इत्तला	जानकारी
इत्तफ़ाक़	संयोग
ईजाद	निर्माण, आविष्कार
उत्कोच	घूस, रिश्वत
उन्माद	पागलपन, विक्षिप्तता
उष्ण	गरम
कलुषित	पापी, मैली, दागी
कश्मकश	दुविधा, सोच-विचार

कैपिटलिस्ट	पूँजीपति
कौतूहल	जिज्ञासा, जानने की अभिलाषा
कौतूहलवश	जानने की अभिलाषा
कौंध	चमकना
खीसें निपोरना	बनाबटी हँसी
गुर	युक्ति
चौंका	हक्का-बक्का
ज़रिए	माध्यम
ढकोसला	पाखंड, आडंबर
तफ़्तीश	छानबीन करना
तवज्जो	महत्त्व देना
तरजीह	वरीयता
तामझाम	आडंबर
तारतम्य	तालमेल
तिकड़म	कूटनीति
तिकड़मी	कुटिल, जुगाड़िया
तीक्ष्ण	तेज
तेज-तर्रार	चतुर
थर्राते	भयभीत होते
दबिश	छापा, धावा

द्वंद्व	पसोपेश, टकराव, लड़ाई
धर्मांधता	बिना सोचे विचारे धर्म के नाम पर अनुपालना
ध्वस्त	विनाश, क्षय
धाकड़	करतबी, प्रतापी
नाहक़	व्यर्थ, बेकार
निमित्त	साधन, माध्यम
नियोजन	योजना करना
निरुद्ध	बँधा या रुका हुआ
नींव	आधार
नुमाइंदा	प्रतिनिधि
पराकाष्ठा	चरमसीमा
परिदृश्य	संभावना
पुलकित	रोमांचित, गद्गद
प्रतिपादित	संपादन, प्रमाण
फक्कड़	बेपरवाह, बेफिक्र
फतह	जीत
फ़िराक	खोज
बख़ूबी	बिल्कुल
बतंगड़	अतिशयोक्ति, बातों का बिगड़ा स्वरूप

भंगुरता	क्षणिकता
मंथन	आत्मनिरीक्षण, गहन अध्ययन
मंथर	धीमा
मन मुआफ़िक	मन के अनुरूप
मनुहार	सत्कार
मशग़ूल	लिप्त
मर्तबा	दफ़ा
माकूल	उचित, उपयुक्त, वाजिब
मुअत्तल	निलंबित
मुख़ातिब	संबोधित किया
मुस्तैद	तत्परता
रक्त	खून, लहू
रौद्रता	भयंकर, डरावना
लोलुप	लोभी
वाक़या	हादसा, घटना
वाक़िफ	जानकार
विद्वेष	बैर, शत्रुता
वीभत्स	भयंकर, घिनौना
विलुप्त	गायब

वेदना	व्यथा, पीड़ा
शनैः-शनैः	धीरे-धीरे
संजीदगी	समझदारी
संतृप्त	संतुष्ट
सशक्त	बलिष्ठ, शक्तिशाली
सापेक्ष	बराबर
सांत्वना	ढाढ़स
सुषुप्त	सोया हुआ, निष्क्रिय
सूक्ष्म	छोटा, लघु
सोशलिस्ट	समाजवादी
स्वच्छंद	अनियंत्रित, अलमस्त
हताश	निराश
हीला-हवाला	बहानेबाजी
हूबहू	एक जैसा
हृदयविदारक	करुणाजनक, शोकपूर्ण
क्षोभ	दुःख

अंग्रेजी शब्दावली

अप्रूवर	स्वीकारकर्ता
शिड्यूल	सारिणी
कंट्रोल	नियंत्रण
कॉण्ट्रैक्चुअल	संविदागत
बेसिस	आधार
वर्टिकल इंडक्शन	ऊर्ध्वस्तरीय समावेश
वर्चुअल लाइफस्टाइल	आभासी जीवन-शैली
टेकओवर	नियंत्रण में लेना
फाइनेंशल	वित्तीय
मेडिकल	चिकित्सीय
एक्सपर्ट	विशेषज्ञ
लाइफ	जीवन
कॉम्प्लेक्स	क्लिष्ट
लीडरशिप	नेतृत्व

सम्मिट	सम्मेलन
प्रॉबलम	समस्या
सोल्यूशन	समाधान
सर्विस ओरिएंटड	सेवागत
एप्रोच	पहल
टेक्नोलॉजीकल	तकनीकी
इंटीग्रेशन	एकीकरण
लीगल	कानूनी
पावर	बल, शक्ति
विजन	परिदृश्य
प्लान	योजना
डेवलप	विकास करना
बैलेसिंग	बराबरी
सिविल सोसाइटी	नागरिक समाज
डिस्कशन	वार्त्ता
डिमांड	माँग
हाइटेक	उच्च तकनीकी
कॉम्प्लेक्स	कठिन